Banu Pekol

Spätmittelalterliche Architektur- und Mikroarchitekturzeichnungen

Banu Pekol

Spätmittelalterliche Architektur- und Mikroarchitekturzeichnungen

Eine versteckte Bestellung?

ScienciaScripts

Imprint

Any brand names and product names mentioned in this book are subject to trademark, brand or patent protection and are trademarks or registered trademarks of their respective holders. The use of brand names, product names, common names, trade names, product descriptions etc. even without a particular marking in this work is in no way to be construed to mean that such names may be regarded as unrestricted in respect of trademark and brand protection legislation and could thus be used by anyone.

Cover image: www.ingimage.com

This book is a translation from the original published under ISBN 978-3-8383-5180-3.

Publisher:
Sciencia Scripts
is a trademark of
Dodo Books Indian Ocean Ltd., member of the OmniScriptum S.R.L Publishing group
str. A.Russo 15, of. 61, Chisinau-2068, Republic of Moldova Europe
Printed at: see last page
ISBN: 978-620-3-36799-7

1

Für meine Eltern, Nurbanu
und Semih Pekol

Vorwort

Das Material für diese Arbeit wurde erstmals 2005 als meine Abschlussarbeit am Courtauld Institute of Art, London, präsentiert. Seitdem wurde es auf Konferenzen präsentiert und ich bin dankbar, dass ich die Möglichkeit hatte, es für die Veröffentlichung zu überarbeiten.

Insbesondere möchte ich meinem Betreuer Professor Paul Crossley herzlich danken, der sein Wissen und meine Begeisterung sehr großzügig mit mir geteilt hat. Seine positive Einstellung und sein charakteristischer Enthusiasmus waren einer der Hauptgründe für mich, eine akademische Karriere zu verfolgen. Professor John Lowden war ebenfalls eine Schlüsselfigur bei der Förderung meiner akademischen Kompetenz und der Erweiterung meines mittelalterlichen Wissens.

Professor Herbert Deinert an der Cornell University war die treibende Kraft für mich, mein Studium in Europa fortzusetzen, wofür ich ihm sehr dankbar bin. Ohne die Unterstützung meiner Eltern, die an meine Entscheidungen geglaubt haben, auch wenn sie zu riskant erschienen, hätte ich mein Studium am Courtauld Institute nicht durchführen können. Auch die meisterhaften Kenntnisse meines Vaters in der Computerprogrammierung haben entscheidend dazu beigetragen, dass sich der Kreis meiner Forschung schließt.

Abschließend möchte ich mich bei Lambert Academic Publishing für das Angebot bedanken, meine Forschung zu drucken. Istanbu lMärz 2010

Inhaltsverzeichnis

Einführung 7
Vorhandene Zeichnungen und deren
computergestützte Analyse 40
Bibliographie 66

Abbildungsverzeichnis

1. a. Proportionale Systeme: (a) \2 Rechteck (b) \3 Rechteck (c) \5 Rechteck

    b. Die Beziehung von irrationalen Verhältnissen zu ebenen Figuren: (a) Goldener Schnitt (b) 1:^3

    (c) 1:^2 (d) Goldener Schnitt

    c. Lineares Verhältnis von 1:^2

    d. Konstruktion eines goldenen Schnitts aus einem 1x2-Dreieck

2. York Minster Peilboden (aus Binski 1987)

3. Tabelle der numerischen Näherungen an irrationale Verhältnisse

4. Kathedrale von Reims, zwei \2 Rechtecke liegen dem Entwurf zugrunde (aus Wu 1996)

5. Kathedrale von Amiens, die Entfaltung des Grundrisses vom Zentrum aus mit goldenen Rechtecken (aus Murray 1996)

6. Kathedrale von Salisbury, Plan mit Gesamtabmessungen (aus Cocke und Kidson 1993)

7. Zeichnungen der Kathedrale von Reims im Triforium des Querschiffs mit Rekonstruktionen nach den Zeichnungen (aus Kurmann 1987)

8. Geometrische Analyse der Fassade Reims Palimpsest Fassade "B" (aus Choisy 1883)

9. Reims Palimpsest-Fassade "B" mit aufgebrachtem Quadratraster (aus Murray 1978)

10. Reims Palimpsest Fassade "B", schematische Umzeichnung der unteren Fassade mit eingeblendeter geometrischer Armatur (aus Bork 'Top-down Planning')

11. St. Stephan: Überlagerter Plan des Nordturms (aus Bucher 1968)

12. *a.* Computergestützte dimensionale Korrelationsanalyse des Querschnitts der Prager Kathedrale (Basisbild aus der Conway Library, Courtauld Institute of Art)

    b. Computergestützte Maßkorrelationsanalyse von Portalen aus Turm- oder Fassadenprojekten. Elevation. Wiener Akademie #16900 (Basisbild aus Conway Library, Courtauld Institute of Art)

    c. Computergestützte Dimensionskorrelationsanalyse des Aufrisses einer ungegliederten Kapelle, Wiener Akademie # 16835 (Basisbild aus der Conway Library, Courtauld Institute of Art)

13. Villard de Honnecourt Portfolio folia 14v, schematischer Grundriss einer Zisterzienserkirche (aus http://www.newcastle.edu.au/discipline/fine-art/pubs/villard/)

14. Villard de Honnecourt Portfolio folia 18r Plan eines der Türme der Kathedrale von Laon mit einem Diagramm, das auf dem gedrehten Quadrat basiert (aus Fernie und Crossley 1990)

15. Villard de Honnecourt Portfolio folia 18v (von http://www.newcastle.edu.au/discipline/fine-art/pubs/villard/)

16. Villard de Honnecourt Portfolio folia 20v (von http://www.newcastle.edu.au/discipline/fine-art/pubs/villard/)

17. Villard de Honnecourt Mappe folia 32r (von http://www.newcastle.edu.au/discipline/fine-art/pubs/villard/)

18. *a.* Computergestützte Dimensionskorrelationsanalyse von Villard de Honnecourt Portfolio 30v

b. Computergestützte Dimensionskorrelationsanalyse der Villard de Honnecourt Mappe 31v

c. Computergesteuerte Dimensionskorrelationsanalyse der Villard de Honnecourt Mappe 32v

19. Rosenfenster in der Kathedrale von Lausanne, Villard de Honnecourts Zeichnung des Lausanner Rosenfensters (aus Bucher 1968)

20. Computergestützte Dimensionskorrelationsanalyse von Zeichnungen von Metallarbeiten

      a. Sakramentshaus. Wien, Spinnerin am Kreuz, 1451 f (Basisbild aus Timmermann 1996)

      b. Sakramentshaus. Herxheim (Rheinland-Pfalz), um 1515 (Basisbild aus Timmermann 1996)

      c. Monstranz. Frankfurt, Dommuseum, 1498 (Basisbild aus Timmermann 1996)

21. Computergestützte Dimensionskorrelationsanalyse bei architektonischen Darstellungen in den Glasfenstern im Clerestory des Chors der Kathedrale von Reims (Basisbilder aus der Conway Library, Courtauld Institute of Art)

a. Bild der Kathedrale von Noyon
b. Bild der Kathedrale von Senlis
c. Bild der Kathedrale von Soissons

Einführung

Es ist schon seit einiger Zeit bekannt, dass Geometrie und Proportionen zu den Standardwerkzeugen beim Entwurf und Bau mittelalterlicher Kathedralen gehörten. Studien zu den Gebäuden selbst sind reichlich vorhanden, aber Studien zu gotischen Architekturzeichnungen wurden in dieser Hinsicht überraschend vernachlässigt, und nur wenige Wissenschaftler haben Zeichnungen auf das Vorhandensein der gleichen Entwurfsmethoden analysiert, die in den gebauten Bauwerken selbst verwendet wurden.

Geometrie ist eine Disziplin, die einen nicht nur lehrt, wie man zeichnet, sondern auch, wie man nach Regeln zeichnet. Diese Forschung soll beweisen, dass gotische Architekturzeichnungen die gleichen Proportionen wie in zeitgenössischen Gebäuden verwendeten.

Peter Kidson stellt fest, dass es nicht verwunderlich ist, dass "die meisten seriösen Historiker der mittelalterlichen Architektur" sich für die Position von George Durand entscheiden, der in *Monographic de I'eglise Notre-Dame cathedrale d'Amiens* feststellt, dass keine Proportionen von auch nur zwei ähnlichen gotischen Kirchen übereinstimmen. Er sagt dann, dass diese Gelehrten Proportionen dem "lunatic fringe" überlassen.[1] Diese Untersuchung befasst sich mit Proportionen und Geometrie in der gotischen Architektur und erkennt eine gewisse Methode in dem "Wahnsinn", den die jüngsten Proportionsstudien vorgebracht haben, sowie eine neuartige Methode über ein speziell für diesen Zweck geschriebenes Computerprogramm.

Geometrie und Proportionen in gotischen Bauwerken

Die ursprüngliche geometrische Figur und den Grundriss einer

---

[1]Kidson (1996) 344, Durand (1901-03)

Kathedrale zu finden, ist ein sehr komplizierter Prozess, da er viele geometrische Studien, Tests und Anordnungen beinhalten und außerdem mit dem, was über mittelalterliche Methoden und Werkzeuge bekannt ist, kompatibel sein muss. Wenn man sich nur auf z. B. die Abstände zwischen den Pfeilern konzentriert und die Wandstärke oder sogar die Epizentren der Strebepfeiler ignoriert, kann das Endergebnis weit von den tatsächlich verwendeten Figuren entfernt sein. Das liegt daran, dass bei der Konstruktion des Gebäudes die Dicke der Wände, der Pfeiler und die Positionierung der Strebepfeiler Schlüsselelemente für die Stabilität der Struktur sind und genauso - wenn nicht sogar noch wichtiger - sind als die Abstände zwischen ihnen. [2]

Es gibt eine Reihe von Gründen, warum eine solche Studie schwierig ist. Erstens sind historische Gebäude, vor allem solche aus dem Mittelalter und früheren Epochen, entweder verloren gegangen oder das, was heute von ihnen übrig ist, spiegelt nicht ihren ursprünglichen Zustand wider. Selbst in ihrem eigenen Jahrhundert waren sie vielen Veränderungen unterworfen. Es gibt zwar Denkmäler, die so geschützt sind, dass wir die Proportionen messen und aus ihrem Entwurf ableiten können, aber hier kommt der zweite Haken ins Spiel: Wir können nicht sicher sein, dass sie genau nach dem Plan gebaut wurden, den wir ableiten, ohne Abweichungen. Die mittelalterlichen Maurer und Handwerker begnügten sich bei ihrer Arbeit mit groben Annäherungen und hatten, wie ich später noch erläutern werde, keine Kenntnisse über mathematische Berechnungen, geschweige denn über irrationale Zahlen. [3] Dieser Faktor lässt selbst bei der besten wissenschaftlichen Analyse Zweifel aufkommen. Auguste Choisy argumentiert, dass diese Unregelmäßigkeit einen daran

---

[2] James (1995) S. 13
[3] Kidson (1996) 345

hindert, das proportionale Muster der mittelalterlichen Denkmäler zu finden, und dass "nur die einfachsten, für das Auge offensichtlichen Relationen eine Grundlage für ein Urteil bieten", und natürlich kann eine solche Relation nicht als Grundlage für eine wissenschaftliche Forschung betrachtet werden. [4]

Selbst Studien von Gelehrten oder zeitgenössische mittelalterliche Traktate haben sich als fehlerhaft erwiesen. So ist der einzige Beweis in Bezug auf die Baukonstruktion, an dessen Gültigkeit wir keinen Zweifel haben können, die durch sorgfältige Berechnung gewonnenen Maße des Gebäudes. Die von Hand gezeichneten Pläne, auch wenn sie neueren Datums sind, haben den Nachteil des menschlichen Fehlers, der durch aufeinanderfolgendes Kopieren, erneutes Kopieren und, wie Eric Fernie es nennt, "die Versuchung des ungeschulten Auges" entsteht. [5] Die von Computerprogrammen (meist AutoCAD) gezeichneten Entwürfe sind die beste Art und Weise, um eine solche Untersuchung durchzuführen. Diese computergezeichneten Modelle haben den Vorteil, dass ihre Maße exakt mit dem vorhandenen Gebäudeplan und seinen Mustern übereinstimmen. Solange diese Maße genau sind und korrekt in den Computer eingegeben wurden, kann man ein Muster auf einen Plan anwenden und das Ergebnis wird exakt sein.[6] Dennoch muss man sich darüber im Klaren sein, dass, wenn ein Muster auf einen Plan zu passen scheint oder diesen zu ergeben scheint, dies nicht das letzte Wort über den Entwurf ist, da wir nie wissen können, ob dies die exakte Art und Weise war, wie der Designer es sich vorgestellt hat. Natürlich ist das Vorhandensein eines mittelalterlichen Plans des Gebäudes eine sehr wertvolle Ressource, dennoch sollte er nicht als Grundlage für die Messungen genommen werden, sondern eher als Mittel zum Verständnis des Entwurfsprozesses. Solche Zeichnungen

---

[4] Padovan (2001) 191
[5] Fernie (1990) 231
[6] Wu (2002) 1

können auf Pergament, Papier oder - wie wir in den folgenden Kapiteln sehen werden - auf dem Pausenboden des York Minster, auf Putz oder Stein sein. Sie können uns einen Einblick geben, welche Muster beim Entwurf verwendet wurden, obwohl diese Pläne aufgrund der mündlichen Überlieferung der Steinmetze kein praktisches Schritt-für-Schritt-Schema enthalten. Zirkelpunkte und Linealmarkierungen sind das, was uns bleibt, um sie zu entziffern und nach bestem Wissen und Gewissen zu erklären. Einige dieser Zeichnungen spiegeln nicht unbedingt das wider, was als Endprojekt gebaut wurde; sie sind Entwürfe oder Designs, die zugunsten eines anderen verworfen wurden.

Trotz dieser Schattenseiten des Studiums der Geometrie in der mittelalterlichen Architektur ist es ein Bereich, der unvermeidlich ist und der Aufmerksamkeit verdient. Vitruv sagte: "Ohne Symmetrie und Proportion kann es keine Prinzipien in der Gestaltung eines Tempels geben; das heißt, wenn es keine genaue Beziehung zwischen seinen Gliedern gibt." [7]

Viele Studien haben sich mit der Anwendung von geometrischen Mustern auf Aufrisse und Grundrisse beschäftigt. Das horizontale Messen mit Schnüren ist problemlos, doch bei der Anwendung auf Aufrisse ergibt sich ein großes Problem: Wie konnten die mittelalterlichen Baumeister mit Schnüren vertikal messen, wie war das gerade bei sehr hohen Aufrissen möglich? Es müssen Stäbe verwendet worden sein, wie zum Beispiel bei der Erhebung des Mailänder Doms. James Ackerman sagt, dass dies auf einfache ganzzahlige Messungen hinweist, aber nicht auf geometrische Schemata. [8] Doch Ackerman irrt; Peter Kidson hat gezeigt, dass die mittelalterlichen Baumeister *sehr wohl* numerische Näherungen für irrationale Verhältnisse verwendeten, die "als erste Prinzipien in der

---

[7] Vitruv (1960) 72
[8] Padovan (2001) 188

Konstruktion angesehen wurden". Diese numerischen Näherungen und messtechnischen Tabellen waren Werkzeuge des Designs, die schon in der Antike üblich waren und auch im Mittelalter weiter verwendet wurden.[9] (Abb. 3) Diese Komplexität des gesamten Gebäudes macht jede geometrische Studie kompliziert und herausfordernd, doch überraschenderweise konzentrieren sich die meisten neueren Studien über die Verwendung der Geometrie in der Gotik auf Gebäude und nicht auf Zeichnungen.

1:^2 (1:1.4142135...)	1: \5 (1:2.2360679.)
2:3	3:7
5:7	5:11
12:17	4:9
29:41 usw.	13:26 usw.
1: \3 (1:1.7320508.)	Goldener Schnitt (0.6180339)
3:5	8:13
4:7	13:21
11:19	21:34
15:26 usw.	34:55 usw.

Abbildung 3: Tabelle der numerischen Näherungen an irrationale Verhältnisse

Für diese Forschung wurden viele Systeme von Mustern, die auf Plänen von mittelalterlichen Gebäuden gezeichnet wurden, untersucht. Einige sind einfache Entfaltungen geometrischer Formen und einige scheinen mehr Linien zu haben als der eigentliche Plan selbst. Wie Eric Fernie sagt, "je mehr Linien in einem Muster sind, desto wahrscheinlicher ist es, dass einige mit Elementen des Gebäudes übereinstimmen."[10] Es geht also nicht darum, ein System zu entwickeln, das zum Plan passt, sondern um die Methode dieses Musters, und wie in den meisten Fällen ist es am besten, die einfachste Art eines Musters zu finden, das zum Plan passt. Weniger ist mehr. Eine weitere Unterstützung für dieses Argument, abgesehen davon, dass es vernünftig ist, sind die dokumentarischen Belege aus der späten Gotik, die Entwürfe zeigen, die aus einfachen

[9] Kidson (1990) 80-97

[10] Wu (2002) 2

Manipulationen geometrischer Formen abgeleitet sind, wie in den Zeichnungen von Mathes Roriczer, Hanns Schmuttermayer und Lorenz Lechler. [11]

Beim Studium gotischer Architekturpläne ist ein wichtiger Faktor, den man berücksichtigen sollte, die Fehlermarge, die man bei den Gebäuden zulassen sollte. Dieser Fehler kann durch einen Ausrutscher während des Bauprozesses oder bei der Anwendung der Methode auf den tatsächlichen Entwurf oder die physische Struktur entstehen. Es gibt immer Ausnahmen, aber in der Gotik hat sich gezeigt, dass die architektonischen Pläne in der Anwendung genauer sind als die eines früheren Datums. Außerdem ist es viel einfacher, sich bei Messungen in kleineren Dimensionen, wie z. B. Säulen oder Pfosten, völlig sicher zu sein, als bei Messungen von ganzen Grundrissen. [12]

Vor jeder weiteren Aussage muss klargestellt werden, dass es sich bei dieser Untersuchung nicht um eine Studie zur mittelalterlichen Metrologie handelt, die eine komplexe Welt für sich mit ihren eigenen historischen Schwierigkeiten ist. [13]

Die architektonische Proportion ist, vereinfacht ausgedrückt, "das Größenverhältnis zwischen den konstituierenden Elementen eines Artefakts und zwischen diesen Elementen und der gesamten Komposition." Sie ist auch "der einzige Faktor im Design, der das ästhetische Ergebnis signifikant beeinflusst und dennoch quantifizierbar ist". [14]

Sowohl über geometrische Systeme und modulare Systeme existieren in gotischen Architekturzeichnungen. Geometrische Systeme verwenden

---

[11] Shelby (1977)

[12] Wu (2002) 2

[13] Wu (2002) 59, Nur um auf eines hinzuweisen, es wurden viele Maße verwendet: die typischen Fußmaße hatten eine Spanne von 27 bis 32 cm, und wir wissen nicht, welches für welches Gebäude verwendet wurde, und wie genau es war. Kidson (1990) spricht ausführlich über die Verwendung von metrologischen Tabellen und widerlegt viele frühere "romantisch-mathematische" Theorien über Maurer, die ohne Messungen arbeiteten.

[14] Kidson (1996) 343

Figuren, die durch ein Lineal und einen Zirkel erstellt werden, um Proportionen zwischen Dimensionen und architektonischen Elementen zu schaffen. Modulare Systeme verwenden Vielfache oder Unterteilungen einer Dimension. Beide Systeme können nebeneinander bestehen, insbesondere bei orthogonalen Entwürfen, bei denen die Hauptachsen oder Winkel im 90°-Winkel zueinander stehen. Darüber hinaus legen geometrische Systeme meist die größeren Dimensionen eines Gebäudes und ihre Beziehungen zu den kleineren durch geometrische Operationen fest, während modulare Systeme große Dimensionen als ganzzahlige Vielfache des Moduls festlegen. [15] Bei beiden wird ein bestimmter Ausschnitt als Standard gewählt und die daraus entstehenden Teile werden miteinander verbunden, wobei der größere meist immer der Standard ist.

Die "Korrespondenz zwischen den Maßen der Glieder eines ganzen Werkes und des Ganzen zu einem bestimmten Teil" ist im Mittelalter anders als in der Renaissance, wo das architektonische Glied einheitliche und feste Verhältnisse hatte. [16]

Nachweise

Die Belege, die wir für die Verwendung von geometrischen Proportionen und Modulen in der gotischen Architektur haben, sind nicht sehr zahlreich. Die ausführlichsten Texte sind die des Baumeisters Roriczer und des Nürnbergers Schmuttermayer, die beide als Belege für die Verwendung von Proportionen als üblicher Teil der Arbeit des mittelalterlichen Maurers gelten können.[17] Zu den Handbüchern Roriczers gehören das *Büchlein von der Fialen Gerechtigkeit* (1486) und die *Geometria Deutsch* (1498). Auch die Dokumentationen aus den

---

[15] Wu (2002) 58
[16] Vitruv (1960) 72
[17] Kidson (1996) 344

Auseinandersetzungen um die Ausführung des Mailänder Doms (1389-1392), auf die in den folgenden Kapiteln eingegangen wird, sind zu nennen.[18] Die Erscheinungsdaten, vor allem von Roriczers Handbüchern, stammen aus dem Ende der Gotik, und auch wenn dies für das zwölfte Jahrhundert als zu spät angesehen werden kann, sollte man Villard de Honnecourts *Skizzenbuch* und seine beschrifteten Quadrate betrachten. Die Veröffentlichung dieser Bücher könnte eine Art Antwort auf Leon Battista Albertis *De re aedificatoria gewesen sein*, das seit den 1450er Jahren aktuell und zunehmend einflussreich war.[19] Die *Geometria Deutsch* muss erwähnt werden, da sie von großer Bedeutung für die Art der Informationen ist, die sie vermittelt: Das Büchlein zeigt Wege zur Konstruktion des regelmäßigen Fünf-, Sieben- und Achtecks, zur Bestimmung des Umfangs eines Kreises mit bekanntem Durchmesser und zum Zeichnen eines Quadrats und eines gleichseitigen Dreiecks mit gleichem Flächeninhalt. Obwohl Euklids *Elemente* schon zu Beginn des zwölften Jahrhunderts zugänglich waren, scheint Roriczer sie nicht gekannt zu haben, da er eine komplexere Art der Konstruktion des Fünfecks anwendet. Die meisten seiner Methoden zur Erarbeitung geometrischer Formen sind geschätzt, so dass man sagen kann, dass sie eher durch Versuch und Irrtum als durch geometrische Logik bestimmt wurden. Es ist auch erwähnenswert, dass Roriczer nicht den goldenen Schnitt oder die Quadratwurzel aus drei, die die *ad* triangulum-Konstruktion ergibt, heranzieht.[20]

Geschichte

Natürlich stammen die Methoden der mittelalterlichen Baumeister aus früheren Epochen. Die klassische Antike hat ihre Spuren im Mittelalter

---

[18] Padovan (2001) 180
[19] Coldstream (1991) 33
[20] Padovan (2001) 181

hinterlassen. Was wir hier diskutieren, ist nicht der künstlerische "Stil", sondern die *Methoden, die* in die Gestaltung einfließen, und es ist einfache deduktive Logik zu sagen, dass die Methoden des Handwerks von der Spätantike bis zum Mittelalter fortgesetzt wurden. Die Konzentration auf geometrische Formen, insbesondere Polygone, kann mit der symbolischen Natur zentral geplanter Figuren und Strukturen in Verbindung gebracht werden, aber Peter Kidson stellt fest, dass "es schnell zu einer Übung in mathematischer Fingerfertigkeit um ihrer selbst willen wurde". [21] Geometrische Verhältnisse finden sich in griechischen Tempeln bereits um 600 v. Chr. und sie blieben in Gebrauch, sowohl als bevorzugte Formen als auch als bevorzugte Methode zur Erzeugung von Dimensionen. [22]Einfache geometrisch erdachte Verhältnisse bildeten ein System, das seit der Antike weitergegeben wurde; die Methoden und ihre Anwendung blieben unverändert und wurden von einem Maurermeister zum anderen weitergegeben.

Praxis der Konstruktion

Wie bereits erwähnt, ist die Anleitung zur Konstruktion von Polygonen in der *Geometria Deutsch* nicht gerade präzise, und das weist auf das hin, was den Maurern wichtig war: Praktikabilität. Was die Maurer lernten, lernten sie nicht durch formale Schulung, sondern durch die mündliche Tradition des Handwerks, die von einer Generation zur nächsten weitergegeben wurde. [23] Diese Systeme ermöglichten es den Maurern, knifflige Berechnungen mit inkommensurablen Zahlen zu vermeiden. Obwohl sie keine Mathematik im euklidischen Sinne kannten, heißt das nicht, dass sie keine linearen Maße verwendeten. Sie hatten nicht genug mathematisches Wissen, um mit höherer Arithmetik umzugehen: Sie

---

[21] Kidson (1996) 347
[22] Kidson (1996) 351
[23] Shelby (1972) 398

konnten addieren und subtrahieren, aber, wie Lon Shelby argumentiert, war selbst Multiplikation und Division für sie kompliziert. Dies ist ein Hauptgrund für die für mittelalterliche Strukturen angegebene Fehlerspanne, die in einigen Fällen so groß wie 1% oder 2% ist24

Die regelmäßigen Vielecke, die die Maurer am häufigsten verwendeten, waren gleichseitige Dreiecke, Quadrate, Fünfecke, Sechsecke und Achtecke. Die Verfahren, mit denen diese konstruiert wurden, waren Faustregeln und wurden mit den traditionellen Instrumenten und Werkzeugen erreicht, die sie zur Hand hatten. Villard de Honnecourt, der Maurermeister aus dem 13. Jahrhundert und Autor des berühmten *Skizzenbuchs,* spricht von einer "konstruktiven Geometrie", was die beste Beschreibung für das System ist, das zur Manipulation geometrischer Formen verwendet wurde. Dieses System wurde entweder angewandt, um die Formen zu erzeugen oder um eine Reihe von proportionalen Verhältnissen zu finden, die die Grundlage für weitere Messungen werden konnten. Sie dachten nicht an die Formen in einem mathematischen Sinne, es ging zum Beispiel um die Frage: "Wie macht man eine gerade Linie, die so lang ist wie ein Kreis rund ist?" und nicht um die Frage: "Wie findet man angesichts des Durchmessers den Umfang eines Kreises?" Die Welt des mittelalterlichen Maurers war praktisch, mit seinen Werkzeugen (einem Lineal, einem Winkel, einem Zirkel und einem Teiler) und der Anwendung auf Stein, sie war nicht euklidisch, mit Definitionen, Postulaten, Axiomen, Sätzen und Beweisen, obwohl die Existenz metrologischer Tabellen nicht übersehen werden darf. [24][25] Honnecourts Konstruktionsprinzipien hatten keinen Bezug zur theoretischen Geometrie oder Mathematik. Wenn man zum Beispiel die Diagonale eines Quadrats drehte, bis sie eine der Seiten

---

[24] Kidson (1996) 347, 349 Einmal jedoch, in Mailand im Jahr 1392, wurde ein Mathematikprofessor angeheuert, um für die Freimaurer zu rechnen, aber das war wahrscheinlich eher als politische Waffe in einem Streit, denn als wirkliche Hilfe.
[25] Shelby (1972) 411, 414, 416

berührte, und dies die lange Seite des neuen Rechtecks ergab, entstand das gotische Standardrechteck. [26]Die *Geometria Deutsch* und das *Skizzenbuch* verwenden beide die Schritt-für-Schritt-Methode, so wie ein geübter Maurer den Lehrling in der traditionellen mündlichen Lehre des Handwerks anleiten würde. [27] Der praktische Grund für eine solch einfache geometrische oder numerische Proportionierung war, dass diese Regeln und Diagramme leicht im Gedächtnis behalten oder grob skizziert werden konnten. Dies war ein unverzichtbarer Ausgleich für das Fehlen von maßstabsgetreuen Zeichnungen und die Primitivität der Messwerkzeuge. [28]

Beim Entwurf des Grundrisses wurde in der Regel das Vierungsquadrat als Hauptmodul genommen, aus dem die anderen Hauptmaße wie Länge und Breite des Kirchenschiffs und des Chors, Breite der Querschiffe, durch grundlegende geometrische Verfahren abgeleitet wurden.[29] Dies war in Amiens der Fall. In vielen gotischen Plänen, z. B. bei den Türmen, sieht man die Überlagerung vieler Stockwerke des Bauwerks; dies war vorteilhaft, weil es ein Hilfsmittel war, um alle horizontalen Abschnitte auf einer Seite zu zeigen. [30] As Stephen Murray argues, the plan of a structure can be designed by two mutually reverstärkende Ansätze. Erstens durch eine Abfolge von modularen Einheiten, die miteinander verbunden sind, um ein Ganzes zu schaffen, und zweitens durch ein Ganzes, das methodisch in kleinere Abschnitte unterteilt ist. [31]

Proportionen und Formen

Die in der Gotik am häufigsten verwendeten Formen und Proportionen waren der Kreis, das gleichseitige Dreieck *(ad triangulum)*, das Quadrat *(ad quadratum)* und andere Vielecke wie das Fünfeck,

---

[26] Bucher (1968) 50
[27] Shelby (1972) 417-8
[28] Padovan (2001) 179
[29] Wu (2002) 129
[30] Bucher (1968) 59
[31] Murray (1996) 29

Achteck, Sechseck und Achteck sowie $\sqrt{2}$, $\sqrt{3}$, $\sqrt{5}$ und der Goldene Schnitt. (Abb. 1a, 1b, 1c, 1d) Die Formen konnten miteinander verbunden, ineinander eingeschrieben sein, der Kreis zum Beispiel in das Quadrat eingeschrieben. Etwa ab dem zwölften Jahrhundert wurde die

Standardrechteck und das geometrische [32]   Goldener Schnitt wurden konstruiert mit

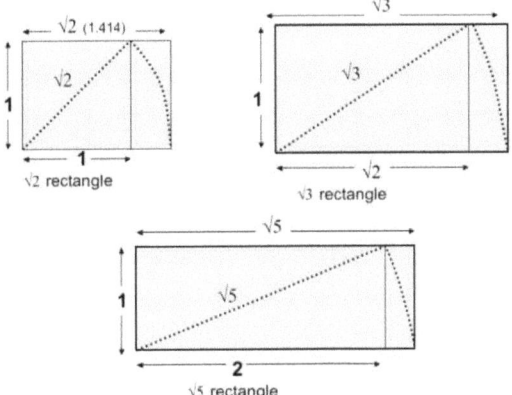

Abbildung 1. a: Proportionale

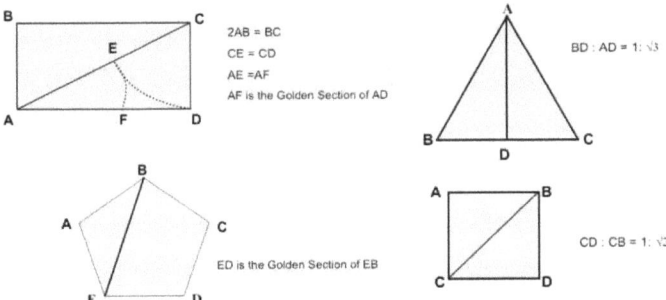

Abbildung 1. b: Die Beziehung von irrationalen

---

[32] Bucher (1968) 70

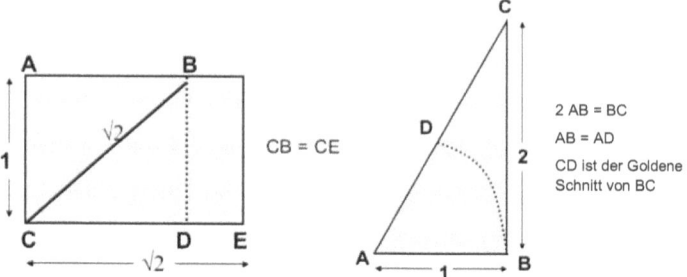

CB = CE

2 AB = BC
AB = AD
CD ist der Goldene
Schnitt von BC

Abbildung 1.c: Lineares Verhältnis

Abbildung 1.d: Konstruktion eines
Goldenen Schnitts aus einem 1x2-Dreieck

Quadrat: Das Quadrat wurde favorisiert, weil seine Konstruktion und Handhabung "einfach, unemotional, schnell, leicht auf den Zeichenboden zu übertragen und während der Konstruktion leicht zu überprüfen" ist.[33] Mit dem Quadrat lassen sich Rechtecke bilden, ^2, ^5 oder der Goldene Schnitt erzeugen. Quadrate werden häufig für Sequenzen verwendet, bei denen jedes strukturelle und ornamentale Bauteil erzeugt wird. Sie können gedreht, geteilt, einbeschrieben und umschrieben werden. Die häufigste Drehung ist die um 45°, und die Drehung von Quadraten im Allgemeinen blieb von der Antike bis zum Mittelalter ein unveränderter Bestandteil der geometrischen Gestaltung, auch in der Gotik. Das Berner Münster, 1418 von Matthäus Ensinger entworfen, hat das Langhaus als Breitenmodul. Dieses gedreht, ergibt die Form und den Maßstab der Seitenschiffe und ihrer Kapellen ($^{4.}$ Umdrehung), der Apsis, die Breite der Strebepfeiler ($^{5.}$) und die Wandstärke ($^{7.}$). Diese Technik, die intern generiert und logisch ist, führte zu einer Fehlermarge von nur 2^ Zoll im gesamten Plan. [34] Der zentrale Chorgrundriss und der Aufriss von Saint Quentin (um 1257) basieren auf dem Quadrat und die Breite des Bauwerks wird durch den Goldenen Schnitt

---

[33] Bucher (1972) 43
[34] Bucher (1972) 42

geteilt. [35]

Dreieck: Das Dreieck kann so verwendet werden, wie es ist, oder durch Drehung ein Sechseck bilden, wie beim Kreuz von Waltham und Geddington.[36] Es wurde häufig für die Gestaltung eines Chevet verwendet oder zu einem "sphärischen Dreieck" gemacht, eine Form, die in der gotischen Maßwerkgestaltung verwendet wurde. [37] Bourges Cathedral has a crosssection built *ad triangulum*. Quadrat und Dreieck können in Plänen kombiniert werden, wie z.B. bei der Fassade des Palazzo Sansedoni, der um 1340 in Siena erbaut wurde und auf dessen Grundriss die Proportionen eines Quadrats und eines gleichseitigen Dreiecks eingezeichnet waren.[38] Es kann auch den Goldenen Schnitt erzeugen.

Diagonale und Auron: Obwohl die Begriffe erst kürzlich geprägt wurden, beziehen sie sich auf bestimmte geometrische Formen der mittelalterlichen geometrischen Gestaltung. Das Diagon ist ein rechtwinkliges Rechteck, das nach der zuvor erläuterten Methode abgeleitet wird.[39] Das Auron oder das Rechteck des Goldenen Schnitts entsteht, indem ein Quadrat halbiert wird und die Diagonale einer dieser Hälften als Radius verwendet wird, der die Länge eines neuen Rechtecks abgrenzt. Um Beispiele für beides zu geben, hat die Zisterzienserkirche in Bonmont aus dem 12. Jahrhundert Kirchenschiffe und Seitenschiffe, die in Diagonalfeldern geplant sind. Die Kathedrale von Gerona um 1420 hat sechs Diagonaljoche, zwei davon flankieren die quadratische Vierung. [40]

Verhältnisse

Die Quadratwurzeln und ihre Ableitungen, die im mittelalterlichen

---

[35] Wu (2002) 129
[36] Zukowsky (1974) 39-44
[37] Bucher (1972) 44
[38] Coldstream (1991) 34
[39] Durch Drehen der Diagonale eines Quadrats, bis sie eine der Seiten berührt, und dies ergibt die lange Seite des neuen Rechtecks.
[40] Bucher (1972) 43

Konstruktionsprozess verwendet wurden, ergaben sich aus geometrischen Formen wie regelmäßigen Polygonen. Außerdem war dies der genaueste Weg, wie man diese Quadratwurzeln erhalten konnte.[41] Um nur ein paar Beispiele zu nennen: Drei Kreise ergeben ein gleichschenkliges Dreieck; das Quadrat ist die Grundlage für das modulare, additive Gitter und das dynamischere \2-System, bei dem Nester aus diagonalen Quadraten, die miteinander verschachtelt sind, verwendet werden, um irrationale Verhältnisse zu bilden. Das gleichseitige Dreieck ergibt ^3, die Diagonale eines halben Quadrats ergibt ^5, der Goldene Schnitt kann mit \5 oder durch Einschreiben eines Zehnecks in einen Kreis mit dem Radius 1 konstruiert werden. [42] Die Fibonacci-Reihe, die auch im mittelalterlichen Design verwendet wird, ist eine Reihe, in der jedes Element die Summe seiner Vorgänger ist (z. B. 1,1,2,3,5,8,13,21,34,55...) und auch jedes Paar ist die integrale Annäherung für den Goldenen Schnitt [43]unter Verwendung der Gleichung 2x22-y2= ±1 .

Es wurden auch numerische Folgedarstellungen der Verhältnisse ^2, ^3 verwendet, z. B. die übliche Reihenfolge für \2 waren 5:7:10, 12:17:24, 70:99:140 und deren Vielfache mit Verdopplungszahlen. Der Chor des Howden Minster aus dem [14.] Jahrhundert verwendet das Verhältnis 12:17:24. [44]

Obwohl viele mittelalterliche architektonische Entwürfe den Goldenen Schnitt verkörpern, erwähnt Roriczer in seiner *Geometria Deutsch* weder diesen noch irgendeine \5 Konstruktion.[45] Könnte das bedeuten, dass der Goldene Schnitt eine postfaktische Zumutung ist, die wir formulieren, wie in Saint-Quentin, wo Ellen Shortell zeigt, dass das Verhältnis der drei Hauptabteilungen im Chor (die Seitenschiffe zum Mittelschiff), eine grobe

[41] Cocke (1993) 62
[42] Wu (2002) 5,6
[43] Kidson (1996) 349
[44] Coldstream (1991) 38
[45] Padovan (2001) 187

Verhältnisannäherung an den Goldenen Schnitt ergibt?[46] Könnte es sich dabei nur um ein bekanntes Verhältnis handeln? Doch der Goldene Schnitt wurde nachweislich sehr wohl verwendet, zum Beispiel auf dem Aufriss der Kathedrale von Chartres. Leider verhindert der Mangel an Beweisen, dass wir solide Schlussfolgerungen darüber ziehen können, ob dieses Verhältnis Teil des traditionellen Handwerks war.

Obwohl die Verhältnisse gemeinsam mit den Formen verwendet werden konnten, konnten sie auch von ihnen getrennt werden. Ihr Hauptzweck war es, die Dimensionen zu verbinden, und in dieser Hinsicht konnten sie in einer Vielzahl von Ansätzen verwendet werden. Obwohl bauen *ad triangulum* bedeutet, in der Form eines Dreiecks zu bauen, bedeutete es für die mittelalterlichen Baumeister vor allem ein Verhältnis zwischen Breite und Höhe. [4748] Das bekannte Beispiel des Maßwerkbodens von York Minster zeigt die Chorfenster, bei denen der Radius das ^2-fache der Fensterbreite beträgt und die Elemente im Maßwerkmuster in einem ^2-Verhältnis zur Grundlinie stehen. [48](Abb. 2)

Neben den üblichen Verhältnissen ^2, ^3, ^5 und dem Goldenen Schnitt wurden auch Verhältnisse wie ^, % und % verwendet. Diese wurden auch durch andere Verhältnisse dargestellt: ^2 durch 7/5 oder 17/12 und der Goldene Schnitt durch 5:8. [49]

---

[46] Wu (2002) 128
[47] Kidson (1996) 348
[48] Coldstream (1991) 32, 38
[49] Kidson (1996) 349

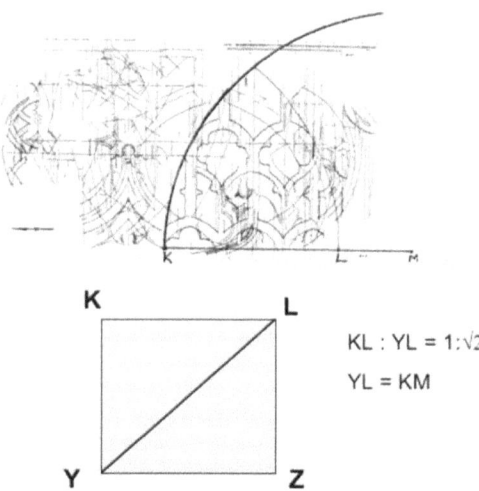

$$KL : YL = 1:\sqrt{2}$$
$$YL = KM$$

Abbildung 2: York Minster Tracing Floor, Nachweis, dass der Radius des Fensterbogens aus der Breite des Fensters in einem proportionalen Verhältnis von V2 :1 abgeleitet wurde

Irrationale Verhältnisse, die sich auf die Architektur beschränken, sind einer der Gründe für die mathematischen Zweideutigkeiten im gotischen Design. Sie resultierten zum Teil aus den begrenzten arithmetischen Kenntnissen der Baumeister und waren eher das Ergebnis geometrischer Operationen als maßstabsgetreues Messen und hatten sicherlich einen traditionellen Wert. In der Antike waren sie unerklärlich und hatten daher eine mystische Konnotation. Vermessungsingenieure und Architekten überlieferten in einer ungebrochenen Tradition von der Spätantike bis zum Mittelalter einfache Methoden des geometrischen Messens, z. B. durch das Drehen von Quadraten. Kidson vermutet, dass sich dies im Mittelalter fortgesetzt haben könnte und der Grund für die Verwendung irrationaler Verhältnisse in Kirchen oder Kathedralen war. [50]

---

[50] Kidson (1996) 150-51

Modularer Aufbau

Die modulare geometrische Konstruktion war eine häufig verwendete Methode. Dies kann mit der Technik der modularen Addition, Einschreibung oder Rotation verwendet werden, die Proportionen mit irrationalen Zahlen erzeugen. Modulares Design wurde gegenüber Messungen bevorzugt, weil das Pergament, auf das ein Design gezeichnet wurde, schrumpfen konnte oder das Lineal sich vertun konnte, und es einfacher war, einen wiederholten Abstand festzulegen, dem man eine bekannte Länge zuordnete. Modulare Entwürfe finden sich bereits im neunten Jahrhundert im Plan und der Ansicht von Saint-Denis und dem modularen Gitter, das die Anordnung des Klosters St. Gallen aus dem zwölften Jahrhundert regelt. [51]

Der deutsche Maurermeister Lorenz Lechler schrieb 1516 ein unbetiteltes Buch als Gebrauchsanweisung für seinen Sohn, das heute als *Unterweisung* bezeichnet wird, in dem er ein System entwarf, bei dem die Chorwand in der Kirche die modulare Einheit bildete, aus der die Konstruktion abgeleitet wurde. Dieses System beruhte nicht auf mathematischen Berechnungen, sondern verwendete lediglich Manipulationen geometrischer Formen. Sogar die beteiligten Verhältnisse waren Ergebnisse des Einschreibens von Quadraten. [52]

Die Proportion wird oft mit der Schönheit und Harmonie einer Struktur in Verbindung gebracht. Obwohl sie eine solche Verbindung gehabt haben mag, darf man nicht vergessen, dass ihre wichtigste Tugend ihre Praktikabilität war. Das soll nicht heißen, dass es keine Sorge um den ästhetischen Wert gab. Es gab ein ästhetisches Ziel in der Mailänder Domdebatte, und dieses beurteilte jeden geometrischen Rahmen. Die Kommission, die die Entwürfe beurteilte, war darauf bedacht, ob "das Werk

---

[51] Bucher (1968) 51, 70
[52] Shelby (1972) 419, 420

schön und lobenswert ist". Außerdem, wenn die Proportionen robust waren, dann auch das Bauwerk, es war eher eine Frage der strukturellen Stabilität. [53][54]Mittelalterliche Autoren vor dem [14.]Jahrhundert bezogen sich manchmal auf Proportionen, aber es wurden keine spezifischen Verhältnisse erwähnt. Thomas von Aquin erwähnt in seiner *Summa,* wenn er die drei Bedingungen der Schönheit identifiziert, die Proportion zusammen mit der Integrität oder Vollkommenheit und der Helligkeit oder Klarheit. [55]

Beim Studium von Proportionen ist es wichtig, jegliche Vorannahmen oder Schlussfolgerungen zu vermeiden, die die Meistermaurer nicht hatten. Die Anwendung einer symbolischen Bedeutung auf jede Proportion oder Dimension in einem Plan betritt eine implizite Denkweise, die in der praktischen Welt der Maurer nicht existierte. Die Menschen des Mittelalters wendeten symbolische Bedeutungen auf Dimensionen oder Zahlen (wie sieben, neun, zwölf) in architektonischen Elementen in Gebäuden an. Das gleichseitige Dreieck in der Gestaltung der Wandmalereien von St. Maximin in Trier symbolisierte zwar die Dreifaltigkeit, aber meist wurden solche Bedeutungen erst nach der Fertigstellung von Bauwerken angebracht. [56] Es muss auch angemerkt werden, dass keiner der bedeutenden mittelalterlichen Entwurfstexte irgendeinen Bezug zur Symbolik hat, und in den Pausenböden der Maurer finden sich Entwürfe, die sowohl für weltliche als auch für religiöse Bauten die gleichen Verfahren verwenden: Außerdem vermieden die Steinmetze jegliche hohe Mathematik und folgten den Verfahren der Daumenregel. [57]Die mittelalterlichen Autoren Durandus von Mende und Honorius von Autun erwähnen die Symbolik von Kirchenbauten, beziehen sich aber nie

---

[53] Weiß (1993) 518-527
[54] Padovan (2001) 182
[55] Kidson (1996) 344
[56] Wu (2002) 11-23
[57] Wu (2002) 8

auf Zahlen oder Verhältnisse. [58]

Weitere Verwendungen

Gewölbe-Design: Die Baumeister entwarfen Gewölbe, indem sie die Projektion, insbesondere auf gekrümmte Flächen, perfektionierten. Diese Projektion wurde mit Hilfe von Kreissegmenten durchgeführt. Obwohl sie Ausschnitte verwendeten, die gebogen werden konnten, um einen 3D-Effekt zu erzielen, war dies hauptsächlich ein Werkzeug zur Demonstration der Auftraggeber. [59]

Apsiden und Polygone: Die Apsis von Saint-Denis begann als sieben Seiten eines dreizehnseitigen Vielecks, in der Kathedrale von Sens ist die Apsis um die Winkel eines Neunecks herum konstruiert, was auch in der Corona der Kathedrale von Canterbury geschieht. Bei Notre-Dame war ein Heptagon die Ausgangsfigur. Auch das Stabwerk ist von der Zeichnung von Vielecken abgeleitet. [60]

Mailänder Domdebatte

Die Debatte drehte sich darum, wie der Querschnitt des Mailänder Doms (1389-1400) konstruiert werden sollte, ob *ad triangulum* oder *ad quadratum*. Eine Reihe von Beratern wurden aus Nordfrankreich und Deutschland gerufen. Einer schlug eine maßstabsgerechte Lösung vor, ein anderer eine Proportion nach dem gleichseitigen Dreieck mit einem Verhältnis von Höhe zu halber Breite von ^3:1, ein weiterer eine Konstruktion nach dem Quadrat. [61]

Beispiele

Nancy Wu hat gezeigt, dass in der Kathedrale von Reims im Grundriss

---

[58] Kidson (1996) 350
[59] Bucher (1968) 66-7
[60] Kidson (1996) 347
[61] Padovan (2001) 182-3

das Verhältnis 1: \2 (das Verhältnis einer Seite eines beliebigen Quadrats zu seiner Diagonale) zu finden ist. Sie entdeckt, dass die Diagonale eines im Entwurf verwendeten neunjochigen Quadrats sehr nahe an der Breite des Innenraums liegt, gemessen zwischen dem ersten und zweiten geraden Joch. [62] Dies ist nicht die einzige \2-Beziehung, die in der Kathedrale gefunden wurde. Wu identifiziert zwei dem Entwurf zugrunde liegende \2-Rechtecke, die zur Bestimmung der Innenbreite der geraden Joche verwendet wurden, was beweist, dass der Maurermeister diese geometrische Beziehung verwendete, die zu den gängigsten, beliebtesten und wichtigsten der damaligen Zeit gehörte. [63] (Abb. 4)

Peter Kidson hat in Reims die gleiche \2-Beziehung im Aufriss gefunden. [64] Er hat auch gemessen, dass die Säulen 3/5 der Hauptarkade einnehmen, was die Fibonacci-Annäherungen an den Goldenen Schnitt ergibt. [65]

---

[62] Wu (1996) S. 91

[63] Wu (1996) S. 94

[64] Kidson maß die Höhe der Triforium-Galerie am westlichen Ende des Kirchenschiffs vom Durchgang über die Rosette: 5.20m. Von dort aus schätzte er die Höhe vom Triforium/Gewölbegang bis zu den Gewölbekapitellen: 3.60m. 5,20 geteilt durch 22 ergibt 3,68. Dies beweist das 22:1-Verhältnis dieser beiden Abschnitte des Aufrisses. Kidson (1956) S. 220

[65] Kidson (1956) S. 220

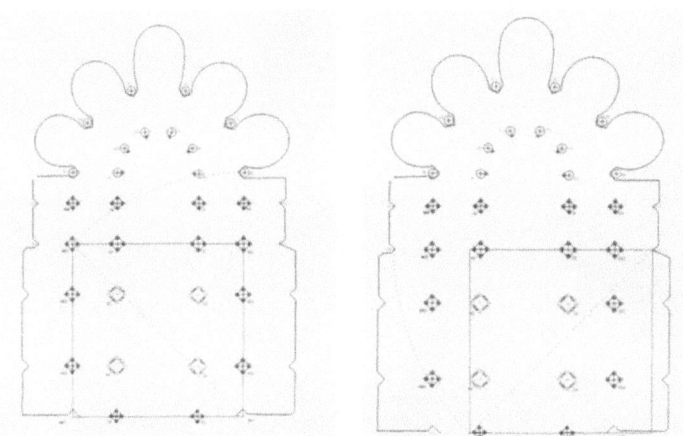

Abbildung 4: Kathedrale von Reims, zwei V2-Rechtecke, die im Entwurf zugrunde liegen

An der Kathedrale von Amiens hat Stephen Murray gezeigt, dass die Proportionen der theoretischen Entwurfsrechtecke im Kirchenschiff und in den Chorschiffen ein Verhältnis von 1:1,41 ergeben, was 1:^2 entspricht. Er veranschaulicht auch, dass das Kirchenschiff durch ein weiteres großes theoretisches Rechteck gebildet wird, dessen Seiten das Verhältnis 1:^2 ergeben.[66] Das äußere doppelte Chorgangschiff verkörpert ebenfalls die Proportionen eines ^2-Rechtecks. Darüber hinaus ist nach seinen Messungen das Verhältnis zwischen Hauptschiff und Seitenschiff sehr nahe an 5:3, oder anders gesagt, dem Goldenen Schnitt.[67] Bei den Portalen in Amiens enthält das Verhältnis zwischen der langen und der kurzen Seite ebenfalls das Verhältnis 1:^2.[68] Sogar die Fassade des Querschiffs wurde durch Multiplikation der Breite des Kirchenschiffs oder der Vierung mit ^2 bestimmt.[69] (Abb. 5)

---

[66] Murray (1996) S. 40
[67] Murray (1996) S. 41
[68] Murray (1996) S. 114
[69] Kidson (1956) S. 230

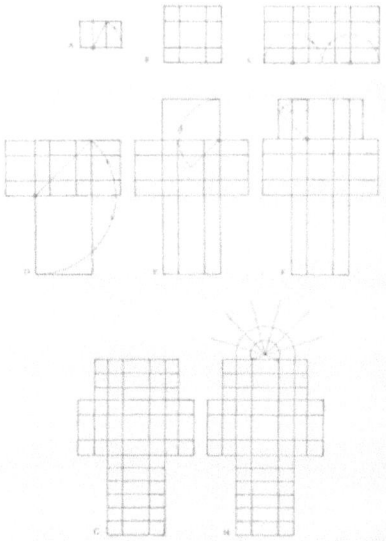

Abbildung 5: Kathedrale von Amiens, die Entfaltung des Grundrisses vom Zentrum aus mit goldenen Rechtecken

In der Kathedrale von Salisbury haben Peter Kidson und Thomas Cocke den Goldenen Schnitt in den beiden Teilen identifiziert, in denen die Ostseite der Vierung die Linie schneidet, die den Abstand zwischen den Pfeilern an der Westseite der Vierung und den entsprechenden Pfeilern an der Westseite des östlichen Querschiffs darstellt. Das Verhältnis zwischen der Vierung und dem Chorjoch, das durch eine bewusste Verzerrung der Ausrichtung des Chores erreicht wird, ist der Goldene Schnitt. [70] Auch numerische Näherungen für Verhältnisse sind vorhanden, wie das Verhältnis von 11:5 (eine Näherung für $^\wedge5$) zwischen Gesamtlänge und -breite. [71] Weitere Verwendungen von $^\wedge5$ sowie von $^\wedge2$ und $^\wedge3$ im Grundriss sind

---

[70] Cocke und Kidson (1993) S. 66

[71] Cocke und Kidson (1993) S. 72 "Handwerker und insbesondere Architekten verwendeten nicht nur präzise Maße, sondern taten dies auf eine Weise, die explizit mathematisch war. Kidson (1990)pp. 74

ebenfalls nachgewiesen.[72] Im Aufriss des Kirchenschiffs von Salisbury sind ebenfalls der Goldene Schnitt und ^2 als verwendet identifiziert worden.[73] (Abb. 6)

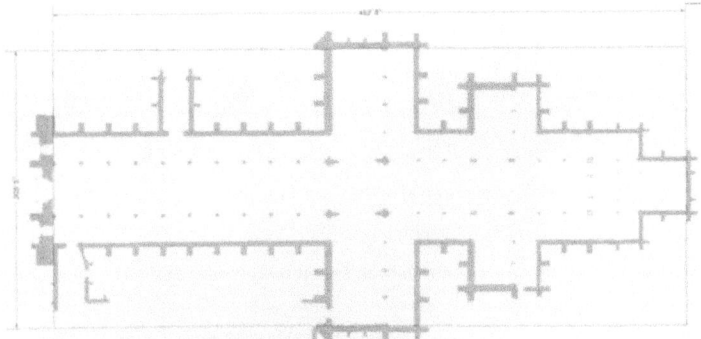

Abbildung 6: Kathedrale von Salisbury, Plan mit Gesamtabmessungen, 452'8" : 205'5" = 11 : 5 = V5 :1

In der Kathedrale von Canterbury, wo nachgewiesen wurde, dass der Architekt Wilhelm von Sens bei seinem Entwurf ^2-Verhältnisse verwendete, bilden die beiden Joche jenseits des Presbyteriums ein Trapez und die Breite des Mittelschiffs wird im Osten 29 Fuß. Diese Zahl, 29, ist eigentlich eine der üblichen numerischen Annäherungen, die für das Verhältnis 1: ^2 (19:41) verwendet wurden und steht auch in Verbindung mit weiteren Typen dieses Verhältnisses, wie 12:17, die addiert 29 ergeben.[74]

Unregelmäßigkeiten im Design

Die Manifestation des Plans in Stein ist manchmal anders als das, was wir im Entwurf beobachten. Wenn der Entwurf ein modularer ist, erlaubt er keine Änderungen bis zum Bau, und diese Änderungen sind normal, denn

---

[72] Cocke und Kidson (1993) S. 71
[73] Cocke und Kidson (1993) S. 76
[74] Kidson (1993) S. 982

ein unflexibles System ist begrenzter als ein flexibles.[75] Die künstlerische Freiheit der Baumeister erlaubte es ihnen, den Plan bei Bedarf oder auf Wunsch anzupassen, wie die aus der Mittelachse der Querhausarme von St.-Etienne in Nevers verschobenen Querhauskapellen und die Variation der Erkerabmessungen in Querhaus und Chor in Amiens.[76] Die Steinmetze hatten keine strikten Regeln ihres Handwerks, an die sie sich halten mussten, so dass ihre Grenze in ihrem Fachwissen und ihrer Kreativität im Umgang mit ihren Werkzeugen und den von ihnen erzeugten Formen lag, und auch darin, ob sie einer bestimmten stilistischen Tradition folgen wollten. In Peter Kidsons geometrischer und metrologischer Analyse der Zeit zwischen 1180 und 1220 zeigt er, dass kein Entwurf gleich war, obwohl alle die gleichen Proportionen verwendet hatten.[77]

Zum Abschluss dieses Kapitels haben wir gesehen, dass es in der gotischen Architektur zahlreiche und vielfältige geometrische Gestaltungsmethoden gab. Bei der Durchführung einer solchen Studie ist es zwingend notwendig, Vermutungen zu vermeiden und sich vor einer Überanalyse zurückzuhalten. Insgesamt war der wichtige Punkt, dass der Maurer einfach nur wissen musste, wie er seine Werkzeuge und die Figuren, die sie für die konstruktive Geometrie erzeugten, benutzen konnte, er musste nicht die akademischen Grundlagen dessen kennen, was er produzierte, und er musste auch nicht beweisen, dass es irgendeiner mathematischen Regel folgte. Die Praktikabilität war der Schlüssel in ihrem Design, und je nachdem, was ihnen besser passte, wandten sie die Proportionen mit geometrischen Figuren oder Zahlen an. Sie kümmerten sich nicht um mathematische Genauigkeit oder tiefe symbolische Bedeutungen, sie benutzten einfach traditionelle Designmethoden als ihre Hauptrichtlinien, und nutzten sie, um ihr Design zu gestalten und die Geschicklichkeit und

---

[75] Bucher (1968) 53
[76] Wu (2002) 7, Murray (1996) 29
[77] Kidson (1956) S. 204

Kreativität ihres Handwerks zu reflektieren.

Geometrie und Proportionen in mittelalterlichen Zeichnungen

Im Vergleich zu realen Gebäuden stellt das geometrische Studium von mittelalterlichen Zeichnungen weniger Hindernisse dar, obwohl es seine eigenen Probleme hat. Eine solche Studie hat den Vorteil, sich nur auf die Zeichnung zu konzentrieren, das eigentliche Dokument, mit dem der mittelalterliche Zeichner arbeitete. Egal ob die Zeichnung auf Pergament, Papier oder Stein ist, die Schritte zwischen dem Bauwerk und dem Forscher sind ununterbrochen, da das Studienobjekt direkt gemessen werden kann.[78] Eine architektonische Zeichnung lässt sich leichter auf ihre Proportionen hin analysieren als ein tatsächliches Gebäude, weil sie nicht die Kompromisse zwischen perfekten Proportionen und den physikalischen Zwängen des Bauens verkörpert.

Gotische Architekturzeichnungen sind leichter zu analysieren als Gebäude selbst, weil sie keine chronologischen und methodischen Herausforderungen mit sich bringen (ganz zu schweigen vom praktischen Maßstab), und man kann eine Zeichnung messen, die die Originalzeichnung des Architekten ist. Eine solche Studie kann nicht direkt auf das geometrische Schema eines Gebäudes hinweisen, und das ist auch nicht der Zweck dieser Forschung. Vielmehr geht es darum zu zeigen, dass mittelalterliche Zeichnungen die gleichen Verhältnisse wie mittelalterliche Gebäude verwendeten und nicht einfach willkürlich skizziert wurden.

Die Verwendung elektronischer Geräte in Studien der Geometrie und Messtechnik ist heutzutage eine fast unverzichtbare Voraussetzung. Obwohl die Schlussfolgerungen vom Forscher abhängen, sind Messungen, die mit einem Computer durchgeführt werden, zuverlässiger als solche, die mit Lineal und Bleistift durchgeführt werden, und Berechnungen können

---

[78] Fernie (2002) S. 1

schneller durchgeführt sowie Korrelationsmatrizen erstellt werden, wie ich es für diese Forschung getan habe. Studien, die auf diese Weise durchgeführt werden, haben eine mechanische Objektivität und Präzision und reduzieren außerdem die Fehlermarge auf den geringstmöglichen Betrag oder sogar fast auf Null. Jüngste Studien von Elaine Neagley, Michael Davis und Nancy Wu wurden auf diese Weise durchgeführt, wobei sie detaillierte Messungen verwendeten, anstatt sich auf veröffentlichte Pläne oder sekundäre Quellen zu verlassen, und sie liefern ein Beispiel dafür, wie jeder Streit über Messungen gelöst und fundierte Theorien auf der Grundlage der gesammelten Daten aufgestellt werden können. [79] Die Verwendung modernster elektronischer Geräte bei einer Studie über mittelalterliche Materie mag ironisch und sogar komisch erscheinen, aber sie ist von unschätzbarem Wert für jeden, der ein solides Argument anstrebt. Dennoch muss man das, was sie findet, immer mit der gotischen Handwerkspraxis verknüpfen, damit die Analyse nicht eine Erfindung des Computers bleibt, der ja nur ein Werkzeug ist. Damit eine mathematische Erklärung funktioniert, müssen zwei Bedingungen erfüllt sein. Die eine ist, dass die Mathematik einfach (was nicht dasselbe ist wie einem modernen Historiker vertraut), konsistent und vorzugsweise wiederholbar sein sollte; die andere, dass die Operationen historisch überzeugend sein sollten, d.h. es sollte identifizierbare historische Umstände geben... [80]

Medieval architectural and micro-architectural drawings scanned from the Conway Library at the Courtauld Institute of Art have been used as base images for the computerized analysis of this research. A firstDie Handstudie würde direkte physische Spuren des Zeichenvorgangs mit Zirkelstichpunkten und geritzten Konstruktionslinien zeigen.

Das Computerprogramm, das speziell für diese Forschung geschrieben

---

[79] Wu (1996), Neagley (1988), Davis (2000)
[80] Kidson (1990) S. 74

wurde, analysiert die relativen Proportionen zwischen den Elementen und sucht nach beliebten Verhältnissen, die zu dieser Zeit im Bauwesen verwendet wurden, nämlich ^2, ^3, \5 und der Goldene Schnitt.[81] Diese Analysen werden verwendet, um die Hypothese der Verwendung von Proportionen in mittelalterlichen Zeichnungen zu beweisen. Die Schrumpfung des Pergaments oder das Verrutschen des Lineals ist ein Faktor, der eine Fehlermarge erfordert, die bei der Berechnung berücksichtigt wurde. Die Proportionsverhältnisse in den Zeichnungen wurden numerisch analysiert, da ein grafischer Ansatz zu abweichenden Ergebnissen führen kann. Da Beziehungen in den Dimensionen und Proportionen mit vielen Mitteln erzeugt werden können, wurde das Programm so konzipiert, dass es Proportionen zwischen Teilen der Zeichnungen findet. (Abb. 7) Das Vorhandensein von Proportionen weist also auf die Verwendung von Geometrie hin, aber die geometrischen Manipulationen werden nicht untersucht.

In der Gotik können die Abmessungen eines bestimmten Elements willkürlich durch ein strukturell völlig unverbundenes Element bestimmt werden. Zum Beispiel kann die Länge eines Strebepfeilers das Drei- oder Vierfache seiner Breite betragen, sofern das Verhältnis von Breite zu Länge in irgendeinem rationalen Zusammenhang steht - die Wahl eines tatsächlichen Verhältnisses ist keine Norm, sondern kann vom Autor selbst festgelegt werden. Maria Velte hat dieses "Verhältnis um des Verhältnisses willen" in ihrem Buch, in dem sie die Verwendung geometrischer Systeme bei der Konstruktion gotischer Türme analysiert, und in James Ackermans Überblick über die Debatte um den Mailänder Dom aufgezeigt, wo dieses

---

[81] Das Programm wurde mit der Software Visual Basic 6.0 geschrieben. Es berechnet Vektoren, die auf gescannten Bildern der Zeichnungen gezeichnet wurden, um herauszufinden, ob Korrelationen der Längen ^2, ^3, A und den Goldenen Schnitt ergeben. Für jede analysierte Zeichnung wurde eine Korrelationsmatrix erstellt, um die Beziehungen zwischen den Längen leicht zu erkennen. Der Benutzer kann die Toleranz bestimmen, die jedem Bild für die Berechnungen gegeben wurde, z.B. wurde den Zeichnungen von Villard de Honnecourt mehr Toleranz gegeben als späteren Zeichnungen. Abschließend wurden die Vektoren und das Bild als ein zusammengesetztes Bild gespeichert, das ausgedruckt werden konnte.

Verhältnis "einen abstrakten oder ästhetischen Drang nach Proportion zu befriedigen scheint". So wechselt beim Entwurf des Mailänder Doms das Dreieck auf halber Höhe der Erhebung vom gleichseitigen zum pythagoreischen. Es wurde kein einziges normatives Dreieck gefordert, sondern die Verhältnisse innerhalb des gewählten Dreiecks mussten strikt eingehalten werden.[82] Diese Untersuchung nutzt diese Argumente, um nach Korrelationen zwischen strukturell nicht verwandten Komponenten in den Zeichnungen zu suchen, und findet tatsächlich die Verhältnisse.

---

[82] Ackerman (1953) S. 156

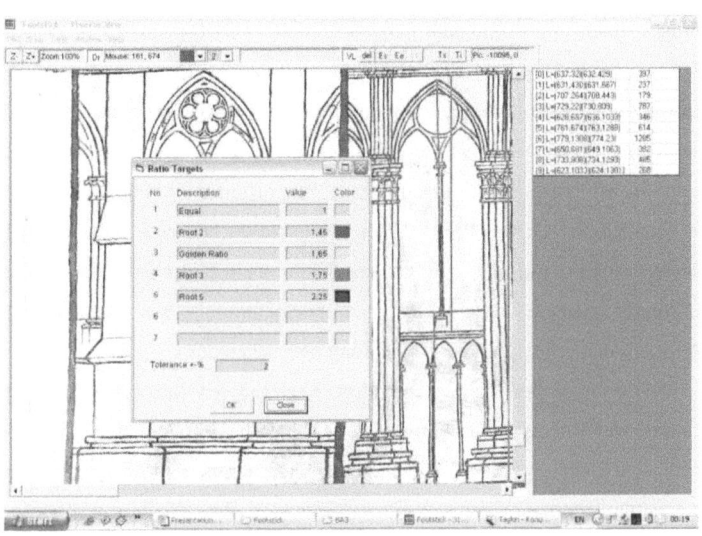

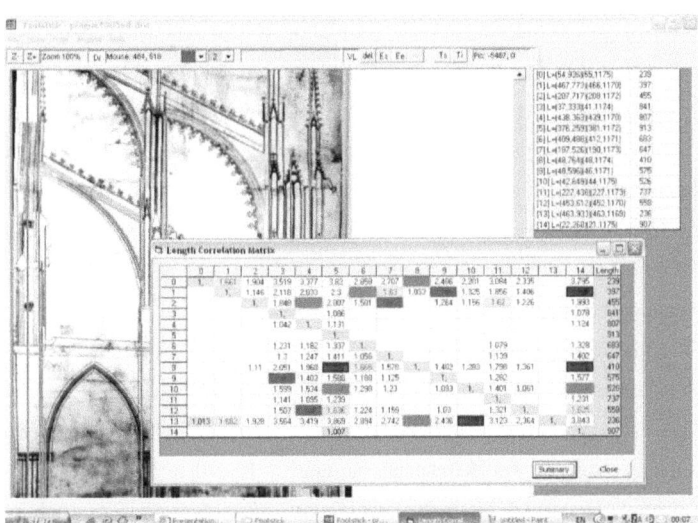

Abbildung 7: Screenshots aus dem Dimensionsanalyse-Computerprogramm 'footstick'

Zwar lassen sich in mittelalterlichen Gebäuden gemeinsame Proportionen finden, aber es gab keine allgemeinen normativen

Proportionen für mittelalterliche Gebäude als Ganzes, sondern nur Schemata, die auf einzelne Gebäude angewendet wurden. Was in der Gestaltung dieser Kirchen gemeinsam ist, ist die sehr grundlegende Tatsache, die den mittelalterlichen Architekturhistorikern seit langem bekannt ist, dass sie Geometrie und Proportionen in ihrer Gestaltung verwendeten, was, wie Peter Kidson argumentiert hat, eine aus der Antike übernommene Tradition war. Da diese Faktoren ein zentraler Bestandteil des Entwurfs waren, ist es sehr wahrscheinlich, dass sie in den Architekturzeichnungen von Bedeutung gewesen wären.

Wie im ersten Kapitel erläutert, verwendeten die mittelalterlichen Baumeister bei der Gestaltung ihrer Kirchen - oder zumindest der bedeutendsten - vertraute mathematische Verhältnisse in Verbindung mit bekannten Maßeinheiten. Die Zuversicht, mit der Kirchen wie Reims, Amiens und Köln gebaut wurden, mag auf den Glauben der Maurer hinweisen, dass sie, solange sie die richtigen Proportionen verwendeten, jedes Bauwerk errichten konnten.[83] Natürlich stammten die von den mittelalterlichen Maurern verwendeten Methoden aus früheren Epochen. Die klassische Antike hinterließ ihre Spuren im Mittelalter. Was wir hier diskutieren, ist nicht der künstlerische "Stil", sondern die *Methoden, die* in die Konstruktion einfließen, und es ist einfache deduktive Logik zu sagen, dass die Methoden des Handwerks von der Spätantike bis zum Mittelalter fortgesetzt wurden.

Architekturzeichnungen dienten im Mittelalter der "Veranschaulichung eines Bauentwurfs und der Festlegung seiner Dimensionen" und zeigten verschiedene Teile oder das Ganze eines Gebäudes sowie die Kirchenausstattung.[84] Bei den heute erhaltenen Zeichnungen handelt es sich sowohl um Vorzeichnungen als auch um solche, die nach der Errichtung des Gebäudes angefertigt wurden. Sie

---

[83] Kidson (1956) S. 246
[84] Schock-Werner http://www.groveart.com/

wurden mit den grundlegenden Werkzeugen der Zeichner angefertigt; Zirkel, Winkel und Lineal und das Medium ist Pergament. Diese Werkzeuge wurden für fast jeden Teil des Entwurfs verwendet; auch geometrische Muster wie das Maßwerk wurden freihändig ausgeführt. Die Zeichnungen wurden mittels orthogonaler Projektion erstellt; "flache zweidimensionale Projektionen, bei denen die Blickrichtung senkrecht zu den Hauptflächen verläuft".[85] Sie sind unverzerrt und können maßstabsgerecht angefertigt werden.

Es ist wichtig zu erwähnen, dass Geometrie und Proportionen nicht als strenge Regeln angesehen wurden und der Maurermeister oder Zeichner angesichts von Designproblemen durchaus Entscheidungen traf. Dies zeigt sich in den Worten von Lorenz Lechler: "Schenken Sie dieser Schrift sorgfältige Aufmerksamkeit, so wie ich sie für Sie geschrieben habe. Sie ist aber nicht so geschrieben, dass du sie in allen Dingen befolgen sollst. Denn [in] allem, was Ihnen scheint, dass es besser sein kann, ist es besser, nach Ihrem eigenen guten Denken'. In den meisten Fällen entsprechen die gotischen Architekturzeichnungen nicht eins-zu-eins den Gebäuden, die sie darstellen sollen. Francois Bucher hat die Zeichnungen der Zeit kategorisiert.[8687] The plans analysed for this research fall into the category of working plans; plans made prior to construction, and special/show plans, drawn after construction. The only working plan analysed is the Prague Cathedral cross-section. In both cases, discrepancies between the built structure and drawing can occur because if the drawing is preBau, können die Architekten den Entwurf in der Bauphase ändern, und wenn die Zeichnung nach dem Bau ist, kann der Zeichner über das gebaute Gebäude hinausgehen.

Angesichts der schier unendlichen Gestaltungsmöglichkeiten, noch

---

[85] Schock-Werner http://www.groveart.com/
[86] Shelby und Mark (1979) S. 115
[87] Bucher (1968) S. 55-6

unter Beachtung der Proportionsregeln, ist es naheliegend, dass die gotischen Steinmetze ihre Kreativität auch auf den Bereich der Kirchenausstattung ausdehnten. Die Veränderungen im Design, in der Struktur sowie der technische Fortschritt in den 1190er und 1200er Jahren machten es erforderlich, die Steine in komplexe Formen zu bringen, was eine sorgfältige vorherige Festlegung in maßstabsgetreuen Zeichnungen, wie sie in der Cleremont-Ferrard-Terrasse zu finden sind, erforderte.[88] Wenn dieser Grad an Genauigkeit zu dieser Zeit durchgeführt wurde, warum wurde dann nicht ein ähnlicher Grad an Sorgfalt in Zeichnungen auf Pergament angewandt, die vielleicht als Ergebnis der maßstabsgetreuen Zeichnungen entstanden sind? Die Tatsache, dass das gotische Design eine solide mathematische Grundlage hat, die hauptsächlich geometrisch ist, aber gelegentlich auch numerische Verhältnisse verwendet, kann, wie diese Untersuchung darlegen soll, sowohl auf architektonische als auch mikroarchitektonische Entwürfe auf Pergament ausgedehnt werden.

Vorhandene Zeichnungen und deren computergestützte Analyse

Das Reimser Palimpsest ist die älteste existierende Projektzeichnung, angefertigt in oder bei Reims um 1230-1250/60. Es ist sicher, dass die Maurerloge der Kathedrale von Reims nach 1240 maßstabsgetreue, nach orthogonaler Projektion gefertigte Pläne verwendete. Die Zeichnungen, die man im Triforium des Querschiffs der Kathedrale findet, sowie die Palimpsest-Entwürfe sind ein Beweis für diese Tatsache.[89] (Abb. 8) Auf der Fassadenzeichnung 'B' des Reimser Palimpsests führte Auguste Choisy eine geometrische Analyse durch und fand Verhältnisse von 4:5 sowie bestimmte Vielfache, wie z.B. dass der Abstand von der Basis bis zur Spitze der Rosette doppelt so groß ist wie der Abstand von der Basis bis zur Spitze des

---

[88] Bucher (1963) S. 132
[89] Kurmann (2002) S. 36-7

Krüppelgesimses.[90] (Abb. 9) Leider hat die Fassadenzeichnung auf dem Blatt, das Robert Branner 'A' nannte, keine Grundlinie, und der obere Teil ist sehr unvollständig, so dass man nur wenig geometrisch studieren kann. In der Zeichnung 'B', die vollständiger ist, hat Stephen Murray ein vom Quadrat abgeleitetes Proportionsschema ermittelt. (Abb. 9) [91] Murray hat auch errechnet, dass das Verhältnis 1:2,9, das sich aus der Teilung der Höhe durch die Breite der Zeichnung 'B' ergibt, eine Proportion ist, die im Querschiff der Kathedrale von Reims und im Mittelschiff oder Querschiff der Kathedrale von Amiens zu finden ist.[92] Doch dieser Zusammenhang mit der Kathedrale von Reims und den Fassadenzeichnungen im Palimpsest ist nicht im Sinne einer Beziehung zwischen der Zeichnung und dem Gebäude zu suchen. Wie Peter Kurmann überzeugend dargelegt hat, handelt es sich bei diesen Zeichnungen nicht um Entwürfe für "echte" Gebäude, sondern für Metallarbeiten. Er hat gezeigt, dass sie keinem existierenden Gebäude zugeschrieben werden können und auch keine Pläne für Gebäude sind, die in großem Maßstab ausgeführt werden sollten, weil sie Elemente - übergroße Kübel, Wangenschichten, Strebepfeilerabsätze - zeigen, die für mikroarchitektonische Entwürfe des Rayonnant-Stils eindeutig charakteristisch sind. Diese Reliquienschreine haben wie Miniaturkirchen architektonische Elemente, die im Verhältnis zu den Gesamtproportionen stark vergrößert sind. [93]

Der Straßburger Entwurf Plan B (um 1275/77) zeigt eine Fassade mit zwei Türmen, die jedoch nicht mit den Proportionen des Straßburger Münsters übereinstimmt.[94] Robert Bork schlägt ein geometrisches Schema für die Gangproportionen in Plan B vor. Er zeigt, dass ein "einheitliches geometrisches System, das auf Achtecken und gedrehten Quadraten basiert,

[90] Choisy (1883) S.404-5
[91] Murray (1978) S. 52
[92] Murray (1978) S. 53-5 Die Höhe von Reims beträgt 37,95m und die Breite 14,65; Verhältnis 1:2,59. Die Höhe von Amiens beträgt 42,30 m und die Breite 14,60 m; Verhältnis 1:2,89.
[93] Kurmann (2002) S. 33-4
[94] Schock-Werner http://www.groveart.com/

die Gestaltung sowohl des oberen als auch des unteren Teils von Plan B bestimmte und dabei die Gangproportionen festlegte. [95](Abb. 10) Er weist auch auf die überraschende Entdeckung hin, dass die Zeichner von der Turmzone ausgingen und nach unten arbeiteten, und nicht umgekehrt. Wichtig im Hinblick auf diese Forschung ist auch seine Identifizierung der Verwendung von Verhältnissen. [96]

---

[95] Bork 'Top-down-Planung' S. 5

[96] Das grundlegende Modul in Plan B scheint der Abstand zwischen den inneren Strebeflächen in der Turmzone zu sein; dies kann kurz D genannt werden. Die gesamte Turmbreite, gemessen bis zu den äußeren Strebeflächen, ist demnach 1,414 mal D, also genau die Quadratwurzel aus dem Verhältnis zwei.' 'Top-down-Planung' S.5 Abb. 8

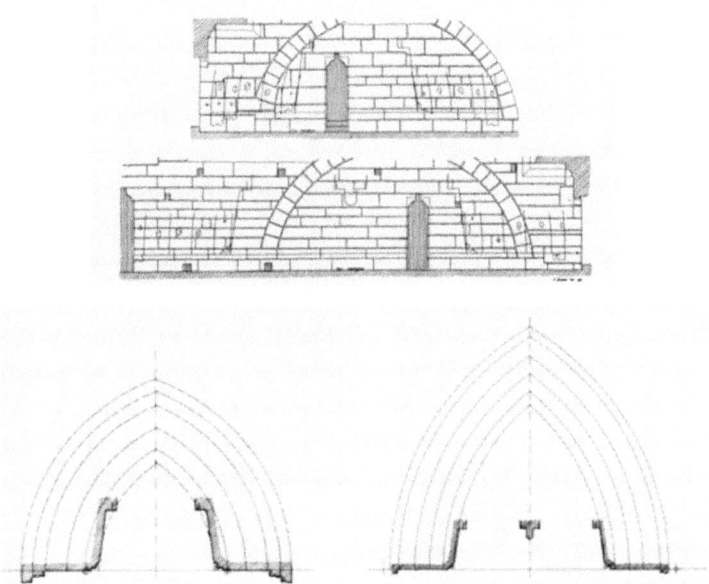

Abbildung 8: Zeichnungen der Kathedrale von Reims im Triforium des Querschiffs mit Rekonstruktionen nach den Zeichnungen

Abbildung 9: Reims Palimpsest-Fassade "B" mit aufgebrachtem Quadratraster

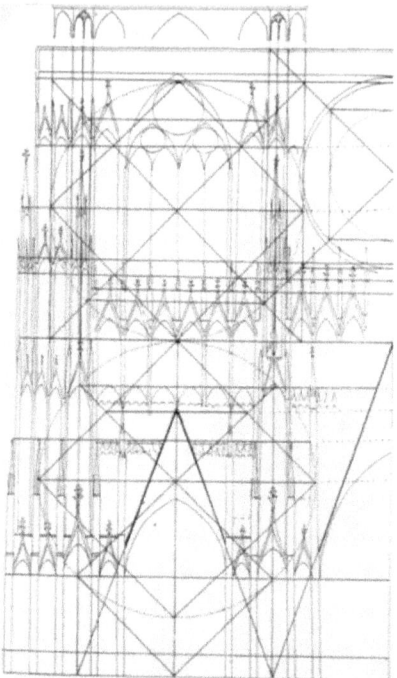

Abbildung 10: Reims Palimpsest Fassade "B", schematische Umzeichnung der unteren Fassade mit eingeblendeter geometrischer Armatur

Der Plan für den Nordturm von St. Stephan in Wien von Lorenz Spenning umfasst mindestens sechsundzwanzig Baustufen für zweiundzwanzig Stockwerke. (Abb. 11) "Die Raffinesse, die vom Konstrukteur eines solchen Plans und von den Mitgliedern der Loge, die für seine Lektüre und Ausführung verantwortlich sind, gefordert wird, ist offensichtlich".[97] Diese Raffinesse, so argumentiere ich, sollte auch auf das Lesen von Zeichnungen von Querschnitten angewandt werden, wie die des Prager Doms als eine natürliche Erweiterung. Unabhängig davon, ob es sich um Projektzeichnungen handelte oder ob sie sich auf Projekte bezogen, wie

---

[97] Bucher (1968) S. 61

computergestützte Analysen ihrer Dimensionen gezeigt haben, waren sie von denselben Verhältnissen geprägt wie die Gebäude selbst. (Abb. 12a, 12b, 12c)

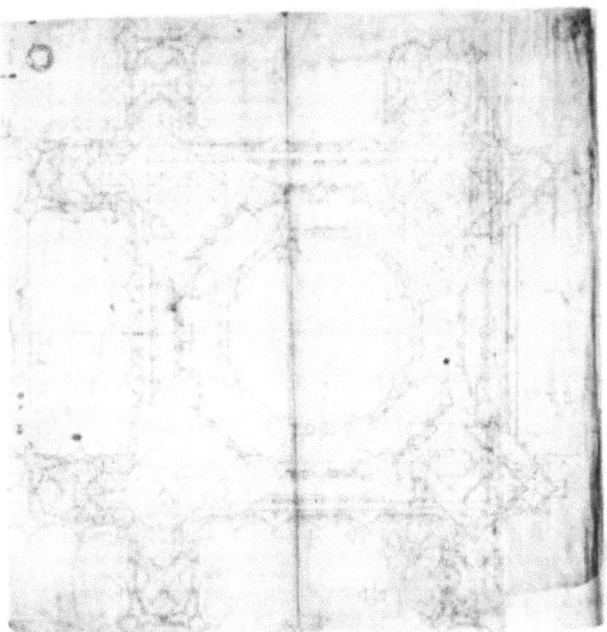

Abbildung 11: St. Stephan: überlagerter Plan des Nordturms

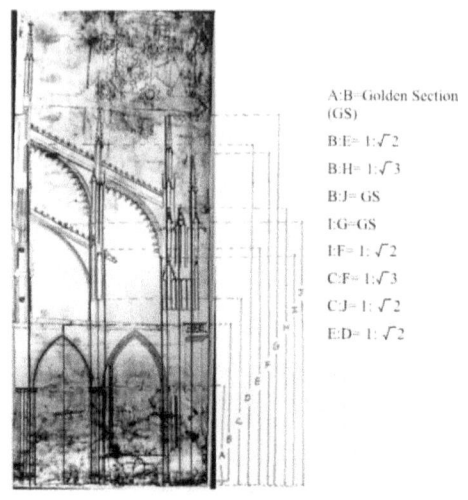

A:B=Golden Section (GS)

B:E= 1:√2

B:H= 1:√3

B:J= GS

I:G=GS

I:F= 1:√2

C:F= 1:√3

C:J= 1:√2

E:D= 1:√2

Abbildung 12.a: Computerisierte Dimensionskorrelationsanalyse des Querschnitts des Prager Doms

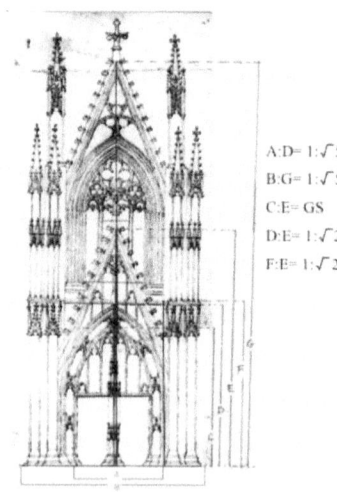

A:D= 1:√5

B:G= 1:√5

C:E= GS

D:E= 1:√2

F:E= 1:√2

Abbildung 12.b: Computerised dimensional correlation analysis of portal from tower

or

Fassade Projekt. Elevation. Wien Akademie #16900

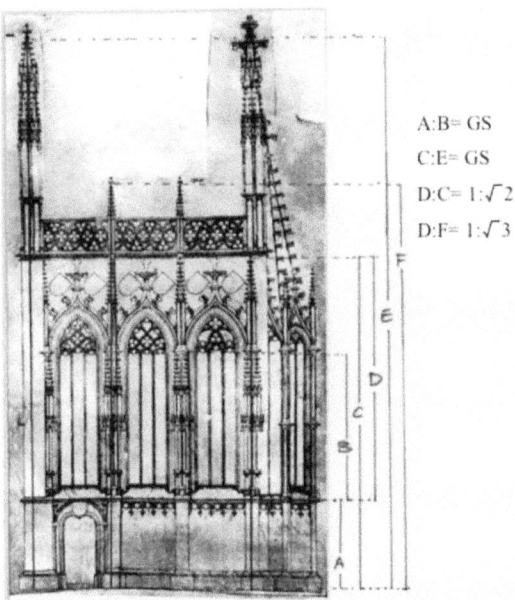

$A:B = GS$

$C:E = GS$

$D:C = 1:\sqrt{2}$

$D:F = 1:\sqrt{3}$

Abbildung 12.c: Computergestützte Dimensionskorrelationsanalyse des Aufrisses einer nichtschiffigen Kapelle, Wiener Akademie # 16835

Villard de Honnecourt, der Zeichner des dreizehnten Jahrhunderts, betont in seiner berühmten Mappe die Bedeutung der Geometrie auf vielen Seiten seines Buches, eines der am besten lesbaren Beispiele dafür ist der Zisterzienser-Grundriss auf Folio 14v. Villard verwendet in dem schematischen Grundriss einer Zisterzienserkirche ein Rastersystem, was zeigt, dass er durchaus Kenntnisse über den Entwurfsprozess von Kirchen hat. (Abb. 13) Hier verwendet er den quadratischen Erker des Seitenschiffs als Hauptmodul, von dem alle anderen Proportionen im Plan ausgehen. Es kann auch eine geometrische Grundlage zu seinem Entwurf mit der Verwendung von ^2.

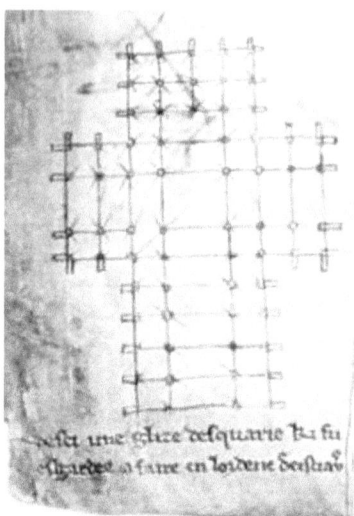

Abbildung 13: Villard de Honnecourt Portfolio folia 14v, schematischer Grundriss einer Zisterzienserkirche

Es ist offensichtlich, dass Villard de Honnecourt sich sehr mit der Geometrie beschäftigte, denn obwohl er in den technischen Zeichnungen manchmal numerische Größenangaben macht, hängen die architektonischen Entwürfe durchgehend von der Geometrie und nicht von der Metrologie ab.

Villard verwendet die Quadratur, die $^\wedge2$ ergibt, auch in seiner Planzeichnung des Turms der Kathedrale von Laon auf Folio 21r. (Abb. 14) Aufgrund der fehlenden Grundlinie muss die Viereckigkeit vom Schlussstein ausgehend nach außen arbeiten, dennoch findet man sie nicht nur in den großen Bauteilen wie den Wandflächen, Wandstärken und dem inneren Achteck, sondern auch in kleinen Details wie den Rücksprüngen in den Fensterlaibungen. [98]

---

[98] Ackerman (1953) S. 156

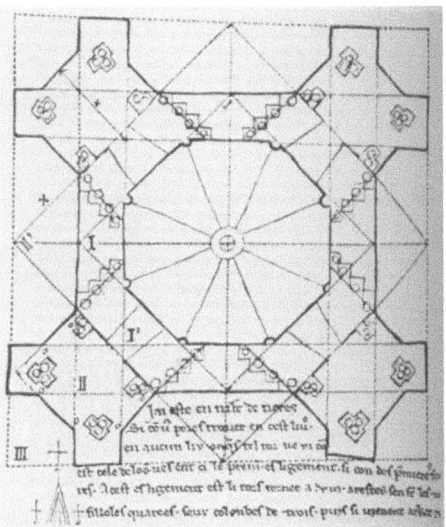

Abbildung 14: Villard de Honnecourt Portfolio folia 18r Plan eines der Türme der Kathedrale von Laon mit einem Diagramm, das auf dem gedrehten Quadrat basiert

Das Pentagramm ist eine der Methoden zur Anwendung des Goldenen Schnitts, und das Vorhandensein eines Pentagramms in der Mappe, das sowohl explizit auf dem Architekturbild (folio 18v) als auch implizit bei seiner Entstehung (6r, 14v, 21v) eingezeichnet ist, könnte daher darauf hindeuten, dass Villard Kenntnisse über den Goldenen Schnitt hatte, obwohl dies nur eine Hypothese ist, bis seine Zeichnungen elektronisch analysiert werden. (Abb. 15)

Es gibt jedoch auch schon vor der computergestützten Analyse einen Beweis dafür, dass Villard sich mit Verhältnissen beschäftigte. Seine Zeichnung eines Turms auf Folio 20v ist mit Teilungsstrichen versehen, um zu zeigen, dass das Verhältnis von Höhe zu Basis vier zu eins beträgt. (Abb. 16)

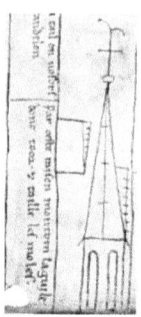

Abbildung 16: Villard de Honnecourt Portfolio folia 20v, Zeichnung einer

Abbildung 15: Villard de Honnecourt Mappe folia 18v

Villard scheint auch mit dem architektonischen Fachvokabular der damaligen Zeit gut vertraut zu sein. Wie in seiner Bildunterschrift unter Schablonen, die Details von Profilen und Leisten zeigen, wo er erklärt: "Vesci les molles des chapieles de cele pagne le devant, des formes & des verieres, des ogives & des doublais, & des sorvols p'de seure".[99] Lon Shelby gibt an, dass diese Begriffe die "verbalen Werkzeuge" waren, die für den Entwurf und die Konstruktion von Elementen wie gotischen Pfosten oder Maurerschablonen verwendet wurden. Villard kannte auch die Steinmetzzeichen und ihre Verwendung zur Identifizierung der Fassung von Steinen sowie zur Identifizierung des Steinmetzes, der sie bearbeitete.[100] Obwohl seine Zeichnungen zuweilen vereinfacht sind, zeigen sie dennoch, dass Villard die Stereotomie verstand. Seine Zeichnungen in den Mappenfolien 15r und 32r zeigen detaillierte Studien von Vierungspfeilern, Hauptarkadenpfeilern, Gangwandantworten und Pfeilern an den Kapelleneingängen der Kathedrale von Reims. (Abb. 17) Er

---

[99] Hahnloser (1935) Taf. 63
[100] Shelby (1971) S. 144-5

zeichnete die Geometrie nach, die bei der Konstruktion von Pfeilern und Schächten verwendet wurde, und betonte, dass die Geometrie der Pfeiler in der Kathedrale von

ihre Linearität, indem man sie mit Zirkelpunkten in ihren Zentren rund zeichnet; alles sehr ähnlich dem tatsächlichen Konstruktionsprozess von Pfeilern. [101]

>rfoienwf ᵬ '.cah:e * murf "F" V4   1 * 7 > ˙

,ипг Ыип "1°чин> .■"""■ "псипге <jf Cиг. 'uttі'UC, к чртг
nfuHrffum udftTtentauWtHU ">.. "** vpurr \Ur txtuvit kf (luK
MLuTtfrtC-felftu - dctuttW Yrttvtli b*n: n"
\ toMe> Xkt ^uwnlc OMШШ^кC *1"- - c Wunwirtf'* tOKIJ

Abbildung 17: Villard de Honnecourt Portfolio folia 32r

Villards Zeichnungen der Kathedrale von Reims sind ein wichtiger Teil der computerisierten Studie für diese Forschung. Ich habe viele Beispiele für die Verwendung von ^2, ^3, ^5 und dem Goldenen Schnitt im Layout dieser Zeichnungen gefunden. (Abb. 18a, 18b, 18c) Es handelt sich dabei um ein Fenster aus dem Seitenschiff des Kirchenschiffs, Innen- und Außenansichten einer ausstrahlenden Kapelle, und Aufriss, Außen- und Innenansicht des Kirchenschiffs sowie die fliegenden Strebepfeiler des Chors. Außerdem gibt es, wie bereits erwähnt, eine Seite mit Schablonen

---

[101] In ähnlicher Weise zeigt die Mappe fol.31v die Details von Basen und Abaci und offenbart Villards "Beobachtungsgabe ebenso wie sein Interesse an den Feinheiten der Konstruktion" Clark (2004) S. 35, 40

und Pfeilern. Viele Unterschiede zwischen den Zeichnungen und dem gebauten Bauwerk wurden hingewiesen, wie z.B. Positionierung der Elemente, unterschiedliche Maßwerkformen, Ubertreibungen, Auslassungen oder [102] Ergänzungen.

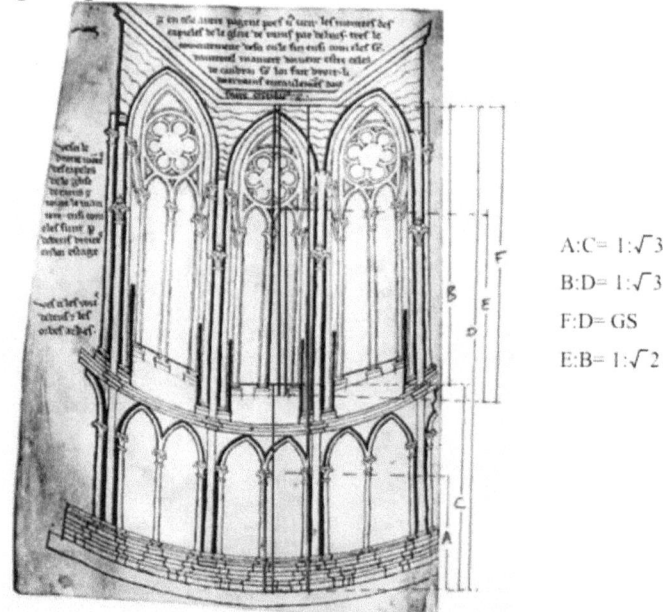

$A:C= 1:\sqrt{3}$

$B:D= 1:\sqrt{3}$

$F:D= GS$

$E:B= 1:\sqrt{2}$

Abbildung 18.a: Computergesteuerte Dimensionskorrelationsanalyse von Villard de Honnecourt Portfolio 30v

[102] Branner (1963) S. 70

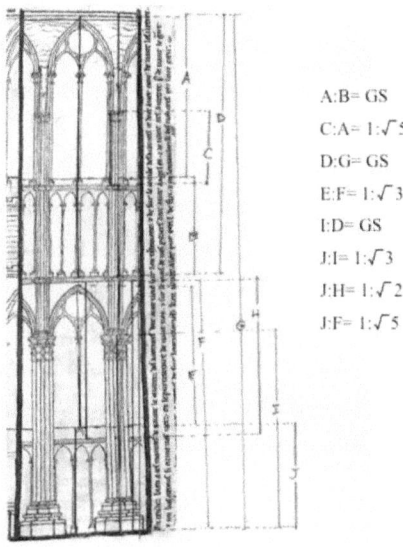

A:B= GS
C:A= 1:$\sqrt{5}$
D:G= GS
E:F= 1:$\sqrt{3}$
I:D= GS
J:I= 1:$\sqrt{3}$
J:H= 1:$\sqrt{2}$
J:F= 1:$\sqrt{5}$

Abbildung 18.b: Computergestützte Dimensionskorrelationsanalyse von Villard de Honnecourt Portfolio 31v

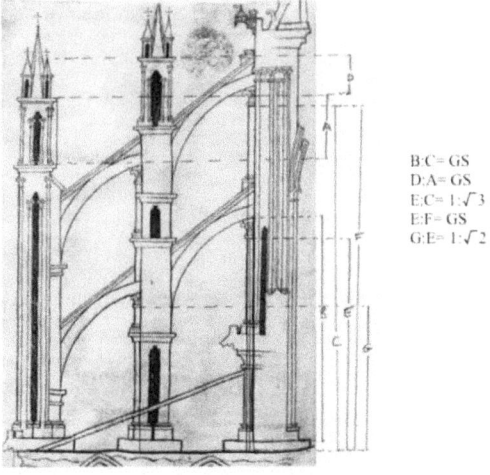

B:C= GS
D:A= GS
E:C= 1:$\sqrt{3}$
E:F= GS
G:E= 1:$\sqrt{2}$

Abbildung 18.c: Computerised dimensional correlation analysis of Villard de Honnecourt
Portfolio 32v

Aufgrund des Umfangs eines solchen Projekts ist ein genauer Vergleich zwischen den Plänen und den Gebäuden, die sie darstellen, unmöglich. Es wurde bereits erwähnt, dass die Zeichnungen der Kathedrale von Reims von Villard nicht eins zu eins mit der Kathedrale übereinstimmen und diese Diskrepanz nicht immer mit der Baugeschichte zu tun hat. Könnte diese Diskrepanz auf mangelndes Wissen von Villard zurückzuführen sein? Roland Bechmann sagt über den Prozess der Übersetzung von mittelalterlichen Zeichnungen in die tatsächliche dreidimensionale Struktur: "Damit die Ausführung mit der Konzeption übereinstimmt, reproduziert man die Proportionen, die durch die geometrischen Linien bestimmt werden, die man im Rahmen der definierten Hauptmaße entsprechend der gewünschten Dimension transponiert".[103] So sieht er die Übertragung eines Entwurfs nicht wörtlich, sondern vielmehr idiomatisch, wo er entsprechend der Geometrie angepasst und überarbeitet wird. Die offensichtlichen Unterschiede zwischen der Rosette von Lausanne und Villards Zeichnung davon deuten auf eine bewusste Veränderung hin. (Abb. 19) Wie fair ist es dann, Villards Zeichnungen als ungenau zu betrachten, denn kann diese idiomatische Anpassung nicht in beide Richtungen funktioniert haben, indem ein Künstler, der das Gebäude aufzeichnete, es in einer interpretierenden Art und Weise zeichnete, aber immer noch Geometrie und Proportionen benutzte, wie sie allgemein im Gebäude selbst waren. Eine enge Korrespondenz mit dem gebauten Bauwerk ist nicht das, was ein Zeichner wie Villard anstrebt. Villard ließ in seine Zeichnungen mit seiner "künstlerischen Freiheit" eigene Vorstellungen einfließen, die er vom tatsächlichen Bauwerk abwandelte und so herstellte, wie er dachte, dass es aussehen sollte. Es ist wichtig, hier die Tatsache zu betonen, dass Villards

---

[103] Bechmann (1993) S. 53 "Um sicherzustellen, dass die Ausführung mit dem Entwurf übereinstimmt, wurden die durch diese geometrischen Spuren materialisierten Proportionen reproduziert und im Rahmen der im Feld definierten oder bereits vorhandenen Hauptmaße auf das gewünschte Maß übertragen".

Portfolio kein 'Inventar' mit den exakten Abbildungen von Objekten und Gebäuden war, die er sah, das war nicht sein Ziel. Vielmehr war es ein Alltagsbuch, in dem er verschiedene Entwürfe aufnahm, wobei er dem Entwurf als Vorbild mehr Aufmerksamkeit schenkte als einem Klon. Er idealisierte die Gebäude in einer malerischen Art und Weise, denn die Belege für sein Interesse an der Form und dem Aufbau des Mauerwerks und der Geometrie zeigen, dass er sich des Handwerks und des Entwurfsprozesses des Maurers bewusst war.

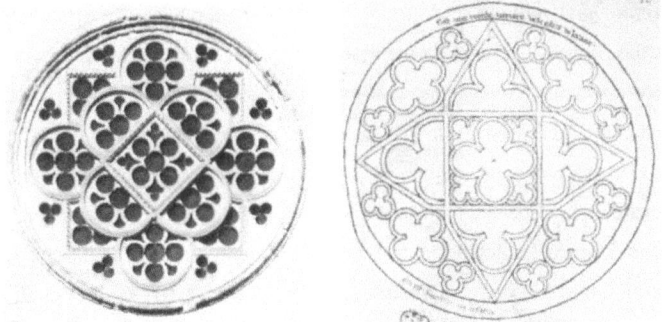

Abbildung 19: Rosette im Südquerhaus der Kathedrale von Lausanne (links), Villard de Honnecourts Zeichnung der Lausanner Rosette folio 16r (rechts)

Ebenso legt Robert Bork in seiner geometrischen Analyse der Zeichnung des Straßburger Plan B nahe, dass die "Nichtübereinstimmung zwischen der Zeichnung und dem Gebäude darauf hindeutet, dass der Plan B in rein abstrakten geometrischen Begriffen konzipiert wurde, die nicht durch die architektonischen Realitäten der Situation in Straßburg eingeschränkt wurden.[104] Dies, so vermute ich, ähnelt den Idealentwürfen bestehender Strukturen in Villards Portfolio.

Fazit

Obwohl mindestens einer der Reimser Palimpsest-Entwürfe eine

---

[104] Bork 'Top-Down-Planung' S. 4

Adaption geometrischer Zeichnungen für die Metallverarbeitung zeigt, ist der Ursprung zweifellos in der Maurerloge zu suchen. Man kann an dieser Stelle vermuten, dass die Wechselwirkung zwischen der Maurerloge und der Schlosserwerkstatt durchaus bestand. Architekten, Bildhauer, Glaser und Schlosser arbeiteten zusammen, vielleicht sogar in der gleichen Umgebung und gaben sicher Entwürfe weiter.

Peter Kurmann schlägt vor, dass das sogenannte Vokabular, das für die Mikroarchitektur verwendet wird, dasselbe ist wie in der Monumentalarchitektur. Was sich in der Mikro-Architektur unterscheidet, ist die Syntax.[105] Diese Elemente, die Teil des Vokabulars sind, werden dekorativer und freier eingesetzt (weil man sich nicht um die strukturelle Festigkeit der Metallarbeiten kümmert), aber sie folgen denselben Grundprinzipien und passen sie an ihre eigene Sprache, ihren eigenen Ausdruck an. Ebenso schlage ich vor, dass die Mikroarchitektur und die architektonischen Zeichnungen dieselben wesentlichen Verhältnisse wie in der monumental gebauten Architektur enthalten, aber mit diesen Regeln ihr eigenes System bilden. Ich habe das Vorhandensein dieser Verhältnisse in verschiedenen spätgotischen mikroarchitektonischen Zeichnungen berechnet und identifiziert. (Abb. 20a, 20b, 20c)

---

[105] Kurmann (2002) S. 35

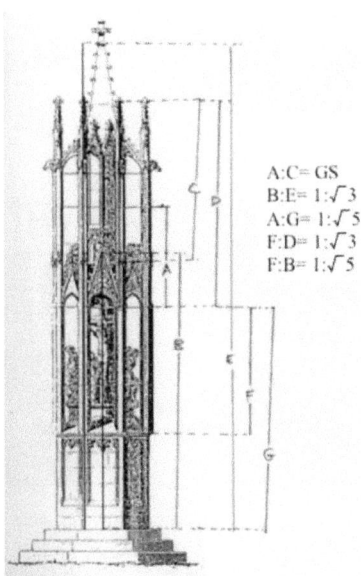

$A{:}C = GS$
$B{:}E = 1{:}\sqrt{3}$
$A{:}G = 1{:}\sqrt{5}$
$F{:}D = 1{:}\sqrt{3}$
$F{:}B = 1{:}\sqrt{5}$

Abbildung 20.a: Sakramentshaus. Wien, Spinnerin am Kreuz, 1451 f.

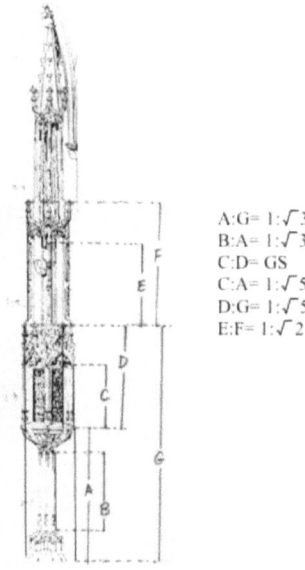

$A{:}G = 1{:}\sqrt{3}$
$B{:}A = 1{:}\sqrt{3}$
$C{:}D = GS$
$C{:}A = 1{:}\sqrt{5}$
$D{:}G = 1{:}\sqrt{5}$
$E{:}F = 1{:}\sqrt{2}$

Abbildung 20.b: Sakramentshaus. Herxheim (Rheinland-Pfalz), um 1515

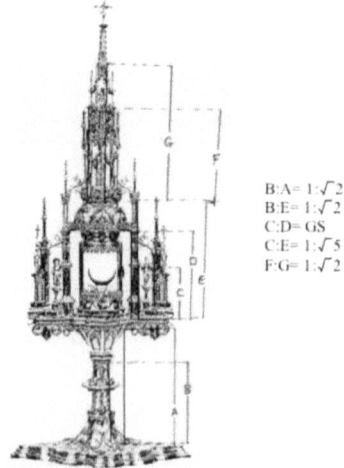

$B{:}A = 1{:}\sqrt{2}$
$B{:}E = 1{:}\sqrt{2}$
$C{:}D = GS$
$C{:}E = 1{:}\sqrt{5}$
$F{:}G = 1{:}\sqrt{2}$

Abbildung 20.c: Monstranz. Frankfurt, Dommuseum, 1498

Der Schrein der Heiligen Gertrud in Nivelles, ein Reliquienschrein, der zwischen 1270 und 1298 geschaffen wurde, hatte einen Entwurf, der sich an Monumenten wie der Sainte Chapelle oder dem Querschiff von Notre-Dame in Paris orientierte, aber in Bezug auf die Feinheit des Designs weiter ging.[106] Interessanterweise sind die fliegenden Strebepfeiler an der Hauptfassade des Reliquienschreins denen des Fassadenentwurfs 'A' des Reimser Palimpsests recht ähnlich.[107] Könnte es wirklich Zufall sein, dass einer der beiden geometrischen Entwürfe aus der Zeit im Milieu der Mikroarchitektur ausgeführt wurde, einer Zeit, in der auch die Geometrie begann, für dekorative Zwecke eingesetzt zu werden? In ähnlicher Weise hat Robert Bork vorgeschlagen, dass die Turmzone des Straßburger Plan B Ideen von mikro-architektonischen Heiligtümern wie den Montjoies von Saint Louis bezieht.[108]

Komplexes dekoratives Maßwerk, obwohl es eine besondere Fantasie zu sein scheint, beruht in Wirklichkeit stark auf geometrischen Formen. Diese Formen werden mit künstlerischem Geschick miteinander verwoben und vermischt, wodurch die zarten Maßwerkmuster der Zeit nach 1250 entstehen.[109] Die Cleremont-Ferrard-Zeichnungen zeigen Maßwerkmuster, die noch Spuren des geometrischen Prozesses ihrer Anordnung aufweisen. Michael T. Davis vergleicht die Muster mit den Figuren auf Villards Portfolio folia 18v und 19r.[110]

Die Glasmalerei war, ähnlich wie die Mikroarchitektur, vorwiegend auf die Einfassung von Figuren ausgerichtet, und diese Einfassung war häufig architektonisch. Die Glasfenster im Oberlicht des Chors der Kathedrale von Reims (ca. 1227-1240) zeigen Darstellungen von

---

[106] Bucher (1976) S. 73
[107] Kurmann (2002) S. 35
[108] Bork (2003) S. 125-6
[109] Schock-Werner http://www.groveart.com/
[110] Davis (2002) S. 118-119. Roland Bechmann hat das Muster in den Löwen (folio 19r) auch auf Maßwerkmuster in der Kathedrale von Reims und Sainte Chapelle angewandt. Bechmann (1993) S. 323, Abb. 203

Kathedralen-Suffraganen im Erzbistum Reims. Diese Bilder stammen wahrscheinlich aus der gleichen Zeit wie die Reimser Palimpsest-Zeichnungen (1230er Jahre) oder etwas früher, und sie geben die tatsächlichen Gebäude, die sie darstellen, nicht genau wieder. Sie tragen jedoch, mit Ausnahme von "Noyon", zumindest ein bestimmtes charakteristisches architektonisches Element der Kirche. [111]

Kurmann reveals that the reason for this is that from 1220 onwards main masons guilds drew sketch plans of parts of the built structures. These plans, in return were used by not only metalworkers, as demonstrated for the Reims Palimpsest, but also the glaziers. I have found that the same ratios used in contemporary buildings and microArchitektur sind in diesen Glasmalereien der Kirchen zu finden. (Abb. 21a, 21b, 21c)

---

[111] Kurmann (2002) S. 35-6 Meredith Lillich hat eine Untersuchung über die Einzigartigkeit der Fassaden im Reimser Clerestory durchgeführt, die sie mit den Reimser Zeichnungen von Honnecourt in Verbindung bringt. Soweit mir bekannt ist, ist sie nicht veröffentlicht worden.

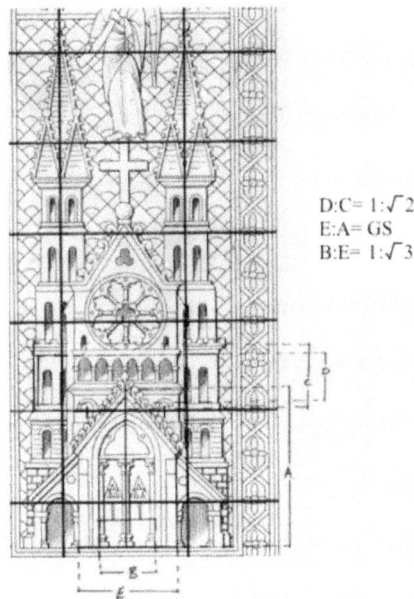

$D:C = 1:\sqrt{2}$
$E:A = GS$
$B:E = 1:\sqrt{3}$

Abbildung 21.a: Buntglasfenster im Chor der Kathedrale von Reims: Bild der Kathedrale von Noyon

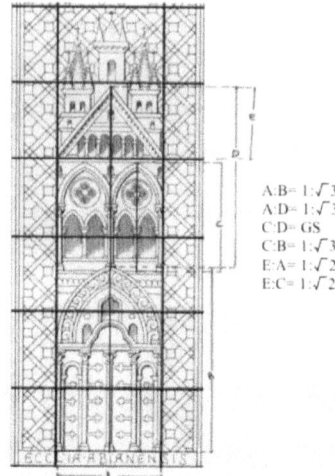

$A:B = 1:\sqrt{3}$
$A:D = 1:\sqrt{3}$
$C:D = GS$
$C:B = 1:\sqrt{3}$
$E:A = 1:\sqrt{2}$
$E:C = 1:\sqrt{2}$

Abbildung 21.b: Glasfenster im Chorraum der Kathedrale von Reims: Abbildung
der Kathedrale von Senlis

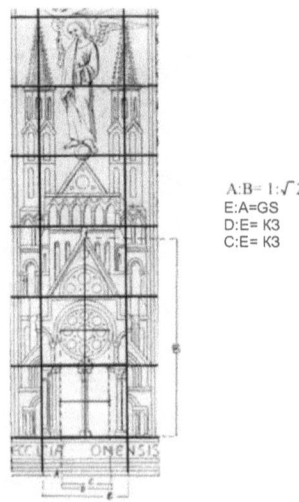

$A:B = 1:\sqrt{2}$
$E:A = GS$
$D:E = K3$
$C:E = K3$

Abbildung 21.c: Stained glass windows in clerestory of the choir of Reims
Cathedral:
Bild der Kathedrale von Soissons

While medieval architectural drawings sometimes do not correspond to their equivalent 'real' buildings, I have demonstrated, while carefully thinking within limits of the probable and restraining from overAnalyse, dass sowohl auf den Zeichnungen als auch auf dem realen Objekt die gleichen geometrischen Systeme verwendet wurden. Die computergestützte Analyse gotischer architektonischer und mikroarchitektonischer Zeichnungen, zusammen mit kontextueller Unterstützung, zeigt, dass sie zu Recht Proportionen haben, die zeigen, dass die Zeichner mit den Architekten zusammenarbeiten. Darüber hinaus hat sich gezeigt, dass auch Metallarbeiter und andere Hilfskünstler wie Glaser auf die Verwendung von Proportionen angewiesen waren. Der mittelalterliche Zeichner musste wissen, wie er seine Werkzeuge und die von ihnen geschaffenen Figuren für die konstruktive Geometrie nutzen konnte. Er baute manchmal seine eigene Version dessen ein, was er darstellte, folgte aber dennoch den gleichen geometrischen Regeln wie der Architekt, um seinen Entwurf zu erstellen und die Geschicklichkeit und Kreativität seines Handwerks widerzuspiegeln. Seine Zeichnungen von Architektur und Mikroarchitektur waren somit kenntnisreiche und geometrisch informierte Interpretationen des eigentlichen Werks.

Bibliographie

Ackerman, James S., 'Book Review: Maria Velte, Die Anwendung der Quadratur und Triangulatur bei der Grund- und Aufrissgestaltung der gotischen Kirchen, Basel, Verlag Birkhauser, 1951' *Art Bulletin* Vol. 35, No. 2, 1953, pp.155-157.

Bechmann, Roland, *Villard de Honnecourt: la pensee technique au XIlle siecle et sa communication,* Paris, Picard, 1993.

Binski, Paul (Hrsg.), *Age of Chivalry: Art in Plantagenet England 1200-1400,* Ausstellungskatalog, London, Royal Academy, 1987.

Bork, Robert, 'Top-Down Planning: The Constructive Geometry of Plan B for Strasbourg Cathedral', unveröffentlicht.

Bork, Robert, *Great Spires: Skyscrapers of the New Jerusalem,* Köln, Architekturstudien, 2003.

Bucher, Francois, 'Microarchitecture as the 'Idea' of Gothic theory and style' *Gesta* Vol 15 no1/2, 1976 pp.71-89.

Bucher, Francois, 'Design in Gothic Architecture: A Preliminary Assessment', *The Journal of the Society of Architectural Historians,* Vol. 27, 1968, pp. 49-71.

Bucher, Francois, 'Medieval Architectural Design Methods, 800-1560' Gesta, vol. 11, no.2, 1972, pp.37-51.

Branner, Robert, 'Drawings from a Thirteenth-Century Architect's Shop: The Reims Palimpsest' *The Journal of the Society of Architectural Historians,* Vol. 17, No. 4. Winter 1958, S. 9-21.

Branner, Robert, 'Villard de Honnecourt, Reims, und der Ursprung der gotischen Architekturzeichnung' *Gazette des Beaux-Arts* 1963 S.129-146.

Choisy, Auguste, *Geschichte der Architektur,* Vol. 2, Paris, Georges Baranger, 1883.

Clark William W., 'Reims Cathedral in the Portfolio of Villard de Honnecourt' in Marie-Thdrese Zenner (ed.) *Villard's Legacy: studies in medieval technology, science and art in memory of Jean Gimpel, Aldershot*, Ashgate, 2004.

Cocke, Thomas und Kidson, Peter, *Salisbury Cathedral: Perspectives on Architectural History,* London, HMSO, 1993.

Coldstream, Nicola, *Masons and Sculptors,* London, British Museum Press, 1991.

Conant, Kenneth J., 'The After-Life of Vitruvius in the Middle Ages' *The Journal of the Society of Architectural Historians,* Vol. 27, No. 1. Mar., 1968, S. 33-38.

Crossley, Paul und Fernie. Eric ed., *Medieval Architecture and Its Intellectual Context: Studies in Honour of Peter Kidson,* London, The Hambledon Press, 1990.

Davis, Michael T., 'Review of Articles: Plan Design in Gothic Architecture Beauvais Cathedral and Ebrach Abbey' *Avista Forum Journal* Vol. 8, No. 1, spring/summer 1994, pp.5-7.

Davis, Michael T., 'Mechanics and Meaning: Plan Design at Saint-Urbain, Troyes and Saint-Ouen, Rouen' *Gesta* 39/2, 2000, pp.161-182.

Davis, Michael T., 'On The Drawing Board: Plans of the Clermont Cathedral Terrace' in Wu, Nancy (ed.) *Ad Quadratum: The Practical Application of Geometry in Medieval Architecture,* Hants, Ashgate Publishing Ltd. 2002

Durand, Georges, *Monographie de l'eglise Notre-Dame cathedrale d'Amiens,* Amiens - Paris, 1901-03.

Fernie, Eric und Crossley, Paul (Hrsg.), *Medieval Architecture and Its Intellectual Context: Studies in Honour of Peter Kidson,* London, The Hambledon Press, 1990.

Fernie, Eric C. 'Introduction' in Wu, Nancy (ed.) *Ad Quadratum: The Practical Application of Geometry in Medieval Architecture*, Hants, Ashgate Publishing Ltd. 2002.

Frodl-Kraft, Eva, 'Zu den Kirchenschaubildern in den Hochchorfenstern von Reims - Abbildung und Abstraction' *Wiener Jahrbuch fur Kunstgeschichte* 25, 1972 pp. 5386.

Hahnloser, Hans R., *Villard de Honnecourt : Kritische Gesamtausgabe des Bauhuttenbuches ms. fr 19093 der Pariser Nationalbibliothek,* Vienna, Verlag von Anton Schroll, 1935.

James, John, 'Medieval Units of Measure: the feet of the master' *Avista Forum Journal* Vol. 9, No. 1, spring/summer 1995, pp. 12-13.

Kepes, Gyorgy ed. *Modul, Symmetrie, Proportion,* London, Studio Vista, 1966 .

Kidson, Peter, *Systems of measurement and proportion in early medieval architecture* PhD Thesis: University of London (Courtauld Institute of Art) 1956.

Kidson, Peter, 'A Metrological Investigation' *Journal of the Warburg and Courtauld Institutes,* Vol. 53, 1990, pp. 71-97.

Kidson, Peter, 'Gervase, Becket, and William of Sens', *Speculum,* 1993 pp.969-991.

Kidson, Peter, 'Architectural Proportion', *Grove Dictionary of Art,* London, Macmillian, 1996.

Kurmann, Peter: *Die Faqade der Kathedrale von Reims: Architektur und Skulptur der Portale: Eine archäologische und stilistische Studie.* Paris: Editions du Centre national de la recherche scientifique; Lausanne, Payot, 1987.

Kurmann, Peter, 'Vitrail et Orfevrerie a propos des premiers dessins d'edifices gothiques' *Representations Architecturales dans les Vitraux,* Internationales Kolloquium, Dossier de la Comission Royale des Monuments Sites et Fouilles, 9, Brüssel 22-27 August 2002.

Lillich, Meredith, 'Comments of the Facades of Reims Cathedral Stone and Glass' *Representations Architecturales dans les Vitraux* International Colloquium, Dossier de la Comission Royale des Monuments Sites et Fouilles, 9, Brüssel 22-27 August 2002.

Murray, Stephen, 'The Gothic Facade Drawings in the "Reims Palimpsest"' Gesta, Vol. *17,* No. 2,1978, pp. 51-56.

Murray, Stephen, *Notre-Dame, Cathedral of Amiens: the power of change in Gothic,* Cambridge, Cambridge University Press, 1996.

Neagley, Linda Elaine, 'Elegant Simplicity: The Late Gothic Plan Design of St.- Maclou in Rouen' *The Art Bulletin,* Vol. 74, No. 3. September 1992, S. 395-422.

Padovan, Richard, *Proportion: Wissenschaft, Philosophie, Architektur,* London, Spon Press, 2001.

Schock-Werner, Barbara, "Architectural Drawing" Grove Art Online. Oxford University Press, [Zugriff am 04.04.2005], http://www.groveart.com/

Shelby Lon R., 'Mediaeval Masons' Templates' The *Journal of the Society of Architectural Historians, Vol.* 30, No. 2, Mai 1971, pp. 140-154.

Shelby Lon R., "The Geometrical Knowledge of Medieval Master Masons" *Speculum* vol. 47, no.3 (Juli 1972), pp.395-421.

Shelby, Lon ed, trans, *Gothic design techniques : the fifteenth-century design booklets of Mathes Roriczer and Hanns Schmuttermayer,* Carbondale : Southern Illinois University Press, 1977.

Shelby L. R. und R. Mark, 'Late Gothic Structural Design in the "Instructions" of Lorenz Lechler', *Architectura,* München, Vol. 9, 1979, pp. 113-31.

von Simson, Otto G., 'The Gothic Cathedral: Design and Meaning' *The Journal of the Society of Architectural Historians,* Vol. 11, No. 3, October 1952, pp. 6-16.

Timmermann, Achim, *Inszenierung der Eucharistie: Spätgotische Sakramentshäuser in Schwaben und am Oberrhein: Architektur und Ikonographie,* PhD Thesis: University of London (Courtauld Institute of Art) 1996.

Vitruvius Pollio, *The Ten Books on Architecture*, London, Constable, 1960.

White, John, *Art and Architecture in Italy:1250-1400,* London, Yale University Press-Pelican History of Art, 1993.

Wu, Nancy, *Uncovering the Hidden Codes: Die Geometrie des östlichen Endes der Kathedrale von Reims* PhD Thesis: Columbia University 1996.

Wu, Nancy ed. *Ad Quadratum: The Practical Application of Geometry in Medieval Architecture,* Hants, Ashgate Publishing Ltd., 2002.

Zukowsky, John, "Montjoies and Eleanor Crosses Reconsidered" *Gesta* vol. 13, no. 1, 1974, pp.39-44.